店長と
スタッフのための

クレーム対応

基本と実践

Basic Guide and Practice

弁護士
間川 清

同文舘出版

ステップ（型）を知っていれば、クレームの解決は難しくない

　「馬鹿野郎‼」「ふざけるな‼」
　クレームが発生する現場では、ときとしてこうした激しい言葉が使われます。しかも、それはいつどんな状況で発生するかわからず、いつ終わるかもわかりません。
　こうした理由から、クレーム対応に苦手意識や恐怖感を持っている人はたくさんいることでしょう。
　そうした方のために、本書でクレームを解決に導く方法をお伝えしていきます。

　私は弁護士として日々、仕事をしていますが、弁護士業務の多くはハードなクレームへの対応と言えます。また、弁護士の業務で大切なのは、クレームを水面下で解決し、いかに裁判に持ち込まないかという点です。本書でお伝えするクレーム対応の手法は、そういった業務の中で確立した手法であり、私が日々、活用しているものです。

　クレームをうまく解決するには、決まったステップ（型）があります。「初期謝罪をする→話を聴く→事実調査と対応策の検討→謝罪をする→対応策を伝える」という、本書でお伝えするステップを知っておくだけで、いざクレームに直面した際にも慌てずにすみますし、手順通り落ち着いて対処すれば、きちんと解決に向かいます。
　本書の手法を実践することができれば、クレームの解決が決して難しいものではないことがわかると思います。

　私がクレーム対応を担当する方にしばしばアドバイスするのは、「最

003

終的に解決しないクレームは絶対に存在しない！」ということです。
　私の経験や、さまざまな事例をみても、終わりのないクレームというものは絶対にありません。たとえどんなに話がこじれたとしても、法律上は最終的に裁判をやれば決着がつきますし、裁判にならなくても（裁判にならずに終わるものがほとんどです）、何らかの形で終わる日がきます。
　必ず終りが来るクレームを「怖い」と感じたり、慌てる必要はまったくないのです。

　そもそも、苦情や要望を言うには相当なエネルギーが必要で、クレームを言うお客様はそれだけのエネルギーをお店のためにかけてくれているということです。
　ですから、クレーム対応の上級者になるほど、「怖い」という苦手意識ではなく、「お客様はわざわざ伝えてくださっている」という感謝の気持ちで対応にあたっています。

　とはいっても、はじめから感謝の気持ちを持ってスムーズに対処するのは難しいでしょう。本書のPart 1から読み進め、日々の仕事で実践していくなかで、クレームに上手に対処できるようになってください。

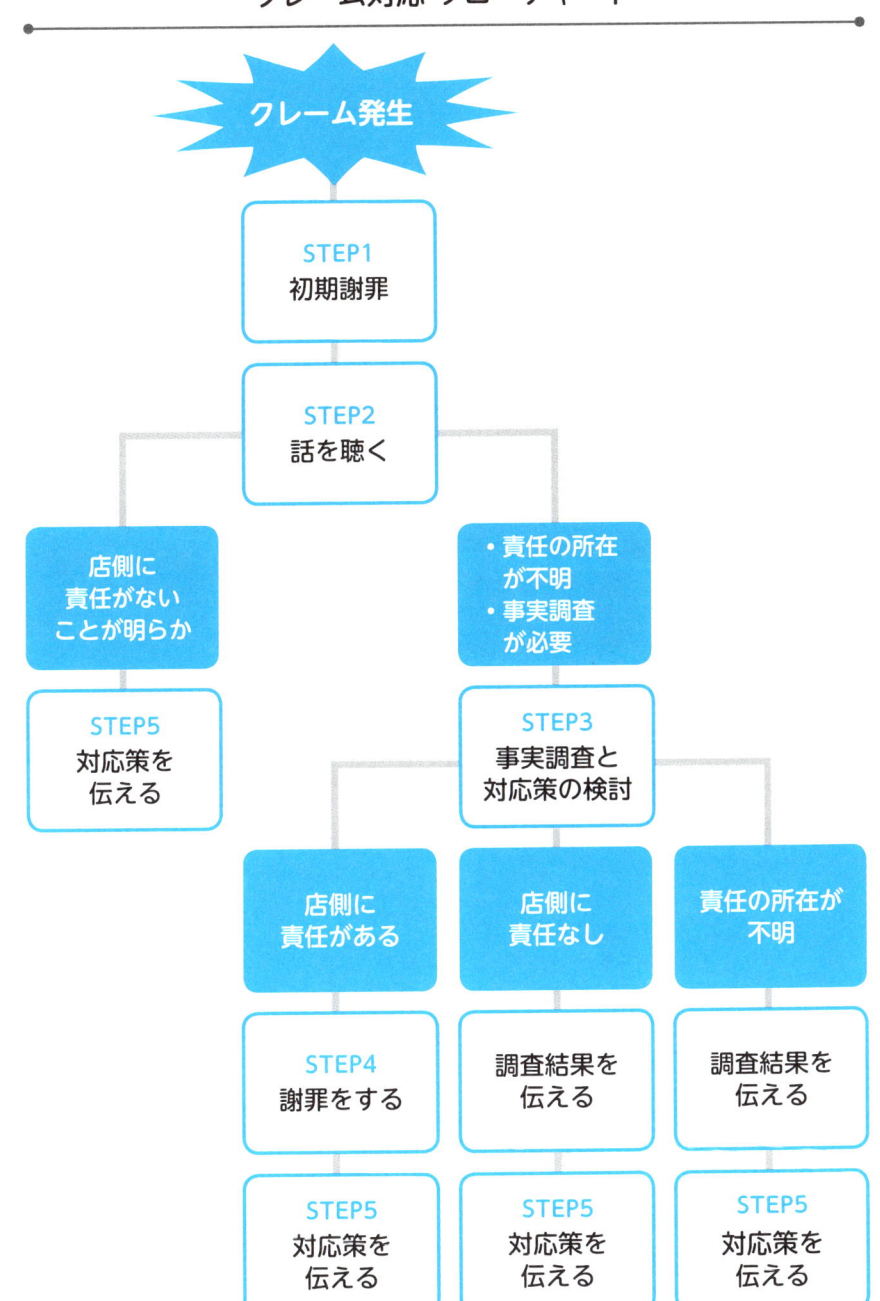

Contents

店長とスタッフのための
クレーム対応 基本と実践

はじめに

Part 1 クレーム対応の基本 知識・心構え編

01 クレームがもたらす4つのメリット ... 16
クレームが、商品の改善や自分の能力向上につながる

02 クレームが発生する3つの原因 ... 18
原因を知って発生しないように意識するだけで、クレームの多くは防げる

03 お客様はどのような心理状態なのか ... 20
お客様の感情は"単純な怒り"ではない

04 クレーム対応失敗の3つの原因 ... 22
「雑・面子を潰す・逃げる」はご法度

05 1人のお客様の裏には300人の顧客がいる ... 24
「このクレームをなんとかできればいい」という発想が300人のお客を失う

06 お客様は「あなた＝会社」と見る ... 26
自分が会社・お店の代表と認識しないと、クレームは解消できない

07 逃げるとクレームは解決しない ... 28
お客様の不満・怒りを受け止めることが解決への第一歩

08 お客様が自分の家族だったらどうするかを考える ... 30
大切な人が困っていたら、どう対応するか？

09 クレーム客だという決めつけがお客様をクレーム客にする ... 32
こちらの不自然な言動が、お客様の怒りに火をつける

10 「正論」でお客様は納得しない ... 34
理不尽なクレームであることは、お客様もわかっている

Column ❶ 「クレーマー」という呼び方を生み出した事件 ... 36

Part 2 クレーム対応の基本 行動・実践編

- **01 会話はすべて録音しよう** 38
  「言った、言わない」の水掛け論や、お客様の脅迫的な発言を防げる
- **02 クレーム対応こそ大きくはっきりと話そう** 40
  小声だと聞き取りづらく相手をイライラさせる
- **03 人は見た目が9割。クレーム対応も見た目が9割** 42
  真面目さ・誠実さが伝わる外見か？
- **04 たらい回しはクレームをさらに悪化させる** 44
  自分が担当でなくても、まずはお話を伺う
- **05 想像力でお客様の本当の要求を理解する** 46
  お客様は自分が何に困っているのかわかっていない
- **06 Q&Aを作成しておけばクレームはうまくいく** 48
  お客様から言われそうなことと、その回答例を書き出しておく
- **07 ロープレとイメトレが成否を分ける** 50
  クレーム対応という"試合"に備えて事前に訓練をしておく
- **08 代金を返金すればクレームは解決するが……** 52
  スムーズに返金すべきケースと、返金に応じてはいけないケースがある
- **09 許してくれた時ほどさらなる謝罪を** 54
  緊張状態から解放されると、隙のある発言をしがち。これが失敗のもと
- **10 「クレーム対応シート」でクレームを管理する** 56
  改善点や、そもそもどんなクレームが多いのかを検証できる

Column ❷　店員に土下座をさせると逮捕される!?　58

クレーム対応ステップ1
初期謝罪をする

Part

- **01** クレーム対応5つのステップ
  クレーム対応には普遍的な流れがある … 60

- **02** まず謝ることがポイント
  初期謝罪とは、お客様の怒りのガス抜き … 62

- **03** 初期謝罪では謝罪の対象に条件をつける
  クレームの事実全体を認めず、範囲を限定して謝罪する … 64

- **04** 謝ることと責任をとることはイコールではない
  条件つきの謝罪なら、全責任を負うことにはならない … 66

- **05** 普段から"謝罪の素振り"をしておく
  いざクレームに直面すると、謝罪の言葉が出てこないもの … 68

- **06** どうしても謝れないときは「相手の心情」に謝る
  少し高いところから見ることで、謝罪への抵抗感が薄れる … 70

- **07** 健康に関するクレームはまず相手の体を心配する
  健康を気遣う言葉→お客様への共感→怪我の程度の確認 … 72

- **08** 先にお礼を言ってしまう「返報性の法則」を使う
  お礼のひと言＋初期謝罪がクレームを早期解決に導く … 74

- **09** 初期謝罪のポイントは心を開くこと
  「面倒なクレーム客だ」という気持ちは言動に表われ、相手に伝わる … 76

Column ❸　クレームはどこまで許される？ … 78

Part 4 クレーム対応ステップ2 話を聴く

01 話を聴くことはクレームの解決に直結する　　80
お話をしっかり聴くことは、お客様の不満や怒りを受け止めること

02 「反論」「誤りの指摘」「言い訳」は絶対にしない　　82
話を聴くステップでは、ひたすら話を聴くことに徹する

03 話を聴いていることを示す　　84
話をきちんと聴いていることが、お客様に伝わらなければ意味がない

04 共感を伝える　　86
理解を得にくいネガティブな感情だからこそ、「わかってほしい」と思う

05 お客様の話を引き出すこんな「問いかけ」　　88
とにかくお客様に話していただこう

06 お客様をカチン！ とさせるこの表現に気をつける　　90
想像力、責任感、緊張感を持ち続けよう

07 お客様の要望を明確にする　　92
お客様の要望を仮定的に投げかけて反応を見る

08 5W3Hで事実関係をはっきりさせる　　94
特にhow、how much、how manyが大事

Column ❹　どのようなクレームを弁護士に依頼するか　　96

クレーム対応ステップ3
事実調査と対応策の検討

Part 5

01 まずは事実を確認する　　　　　　　　　　　　　　　　　　98
クレーム内容は事実か、クレームの責任がお店側にあるのかを明らかにする

02 事実調査の2つの方法　　　　　　　　　　　　　　　　　　100
関係者全員から話を聞く、記録を確認する

03 事実がわからない場合にはお店に責任があると心得る　　　　102
十分な調査をしたことをきちんと伝える

04 調査に時間がかかるときはこまめに報告する　　　　　　　　104
こまめな連絡があることで、お客様は安心感を持つ

05 二次クレームを避けるポイントは「スピード」と「言葉遣い」　　106
お客様との接触が増えるほど、二次クレーム発生率が高まる

06 困ったら「折り返し電話」にする　　　　　　　　　　　　　108
保留状態で長くお待たせすると二次クレームにつながる

07 守れない約束は絶対にしない　　　　　　　　　　　　　　　110
約束が守れないと、さらなるクレームにつながる

08 担当者の「困っている姿」を見せる　　　　　　　　　　　　112
お客様は困りながらも懸命に対処している人を「許そう」と思う

09 「できません」はNG、トライした姿勢を示す　　　　　　　114
「できない」「わからない」とあっさり伝えると、努力不足と思われる

Column 5　クレーム事件の現場は泥臭い！　　　　　　　　　116

クレーム対応ステップ4 謝罪をする   Part 6

- **01** 責任があるときの「謝罪」のポイント　　118
  「自分たちのミスは認める」という姿勢で、理由は後から説明する
- **02** 態度と身だしなみに注意する　　120
  見過ごされがちだが大切な"非言語的"な部分
- **03** こんな謝罪言葉が怒りをスッと引かせる　　122
  わかりやすい表現より、やや堅い表現のほうが謝意が伝わる
- **04** こんな謝罪言葉は相手をさらに怒らせる　　124
  稚拙な表現、責任逃れの表現はNG
- **05** 謝罪と賠償は別物　　126
  「謝罪したのだから、すべての賠償をしろ」とはならない

Column ❻　クレームがあっさり解決する対処法とは？　　128

クレーム対応ステップ5 対応策を伝える   Part 7

- **01** クレームの解決策にはどのようなものがあるか　　130
  コスト・手間・満足度──3つの視点で解決策を検討する
- **02** 解決策は2つ並べて提案する　　132
  人は自分で選んだものを「適切なもの」と思う
- **03** 解決案はメリットとデメリットを提示する　　134
  「快を得たい」「不快を避けたい」という人の心理に合った提案をする
- **04** 解決案に納得していただけない場合は「変える」ことが大切　　136
  解決案ではなく、人、時期、場所、方法を変える

- **05 お客様の自宅を訪問するときの注意点**　138
  自宅訪問にはメリットもあるが、デメリットもある。個別に検討しよう

- **06 お客様に間違いがある場合の対処法** 　140
  原因がお客様にある場合でも、あえてひと言謝罪することで丸く収まる

- **07 責任の所在が不明な場合の対処法** 　142
  こちらに責任はなくても謝罪は必要。その後、何ができるかを伝える

- **Column 7** 弁護士にクレームを任せるメリット・デメリット　144

Part 8 悪質クレーマーへの対処法

- **01 悪質クレーマー対応の基本**　146
  安易に要求に応じると、「脅せば出す」と思われかねない

- **02 悪質クレーマーの見分け方**　148
  相手が悪質クレーマーだとわかったら、パニックにならないよう意識する

- **03 悪質クレーマーのこんな手口に気をつけよう**　150
  ありがちな手口を知っておけば怖くない

- **04 「法律」と「道徳」の2つの責任を使い分ける**　152
  道徳上の責任なら、慰謝料などを払う必要はない

- **05 「毅然とした対処」は冷たく対応することではない**　154
  不当な要求を断る際も、必要以上に冷淡にする必要はない

- **06 「上司を出せ！」にどう対応するか**　156
  杓子定規に突っぱねるのも、すぐに交代するのもNG

- **07 警察に連絡するタイミング**　158
  通報する段階ではないが身の危険を感じるなら、「事前相談」しておく

08 話がついたら書面に残す　　160
特に「清算条項」を入れることが重要

09 悪質クレーマーには必ず複数名で対応する　　162
クレーマーの攻撃対象を分散させて勢力を削ぐ

Column ❽　仮処分というクレーム対応の法的手段　　164

Part 9 クレームを越えてお客様と信頼関係を築く方法

01 クレームを申し出るお客様とは信頼関係を築きやすい　　166
上手に対応できれば、クレームは一気に信頼に変わる

02 期待を上回る対応で信頼を築く　　168
お客様が無意識のうちに設定している基準を上回る

03 "最後のプラスアルファ"でお客様の信頼を得る　　170
最後の印象がよければ、好印象が続く

04 手書きの手紙がお客様の心をつかむ　　172
こちらからの積極的な働きかけが信頼をつくる

05 最後のひと言がお客様の心をつかむ　　174
信頼感がグッと増す2つのフレーズ

06 時には採算を度外視する　　176
一見するとムダな対応でも、リピーターや紹介につながることがある

07 「素早さ」は誰にでもできる信頼獲得法　　178
簡単なことでも、徹底できる人は多くない

08 お客様自身が気づいていない心情を指摘する　　180
お客様は、実は自分の感情がわかっていない

| 09 | 繰り返しの謝罪がお客様の信頼を得る
対面、電話、メール、ファックス、手紙──いろんな手段を駆使しよう | 182 |

| Column ❾ | お客様の主張が理不尽であることを認めてもらう「債務不存在訴訟」 | 184 |

Part 10 文書・メール・電話での クレーム対応のポイント

01	文書によるクレーム対応のポイント 口頭での対応とは別の慎重さが求められる	186
02	クレーム対応文書はこのフレームを守れば大丈夫 文書は第三者に読まれる可能性があるため、ささいなミスも許されない	188
03	「詫び状を書け」と言われたらどうするか デメリットもあるので安易に渡さない	190
04	メールでクレーム対応するときのポイント メール特有のマナーを守ること。電話・対面での接触も考えよう	192
05	メールによるクレーム対応の作法 メールにもフレームがある。最低限、これは押さえよう	194
06	ＳＮＳ全盛時代のクレーム対応術 「情報が瞬時に全国に広まる時代」と認識しておく	196
07	電話によるクレーム対応のポイント 対面でのやりとりと基本は同じだが、「見えない」分、電話は難しい	198
08	電話でのクレーム対応、こんな時どうする？ お客様のせいにする表現はＮＧ	200

| Column ❿ | こんなにある！　クレーム対応の本 | 202 |

おわりに

カバーデザイン／村上顕一
本文デザイン・ＤＴＰ／ムーブ（新田由起子、徳永裕美）

クレーム対応の基本
知識・心構え編

Part 1

01 クレームがもたらす4つのメリット

クレームが、商品の改善や自分の能力向上につながる

「クレームは"宝の山"である」。

そう言われると驚かれるかもしれませんが、クレームには、なにものにも代えがたいメリットがたくさんあります。

①商品やサービスの改善につながる

1つ目のメリットは、自社の商品やサービスの改善につながることです。商品やサービスをどんなによいものにしようとしても、お店側の視点では、どうしても気づかないことが出てきてしまいます。そんなとき、お客様の厳しい視点があれば、自社の商品やサービスの改善点が明確になり、よりよい商品・サービスの提供が可能となるのです。

②自分の能力が向上する

2つ目のメリットは、自分自身の能力が向上することです。クレームを受けることは一般的に楽しいことではありません。しかし、お客様からのクレームに対応していく過程で、接客能力、事実関係の調査能力、危機管理能力といった各能力を飛躍的に伸ばすことができます。そうなればクレーム対応だけでなく、その他の業務でもよりよいサービスを提供できる能力が身につきます。これは仕事面だけでなく、人間的な成長につながっていきます。

③お店のファンやリピーターをつくることができる

そして3つ目のメリットは、お店のファンやリピーターをつくることができるという点です。クレームにうまく対処することができれば、お客様の強い信頼を得ることができます。ファンやリピーターがいるお店

クレームから得られること

① **商品やサービスの改善につながる**
お客様の厳しい視点によって自社の商品・サービスの改善点が明確になり、よりよい商品・サービスを提供できる

② **自分自身の能力が向上する**
クレームに対応する過程で、事実関係の調査能力、危機管理能力、接客能力などが伸びる

③ **お店のファンやリピーターをつくることができる**
クレームにうまく対処することができれば、お客様の強い信頼を得ることができる

④ **革新的なサービスや商品のアイデアにつながる**
「もっと早く移動したい」という不満から自動車が生まれたように、「クレーム＝不満」が革新的なアイデアを生む

は流行や売上の波に関係なく、好業績を継続できるようになります。

④革新的な商品・サービスのアイデアにつながる

　4つ目のメリットは、革新的な商品やサービスのアイデアにつながるという点です。人々に広く受け入れられるヒット商品は、多くの人の不満を解消する商品です。たとえば、自動車という商品は、「もっと早く移動することができないか」という不満から生まれたアイデア商品であると言えます。このように不満は革新的なアイデアを生みます。そしてクレームは、まさにお客様の不満の声にほかなりません。クレームを受けることは、革新的なアイデアが生まれるきっかけとなるのです。

クレームが発生する 3つの原因

原因を知って発生しないように意識するだけで、クレームの多くは防げる

　クレームへの上手な対処法を知る前に、そもそもなぜクレームが発生するのか、主な原因を確認しておきましょう。
　この3つの原因を知り、その発生を防ぐことを意識すれば、それだけでクレームの多くは防止することができるでしょう。

①商品やサービスの質・内容に問題がある

　まず一番多いのは、商品やサービスの質や内容に問題がある場合です。「届いた商品が壊れていた」「受けたサービスが説明や広告と違っていた」などということです。
　お客様としては、支払った金額と同等かそれ以上に価値がなければ、当然、不満を抱きます。
　特に、購入した商品やサービスに、事前に受けた説明や広告内容と反する点があると、強いクレームにつながります。

②対応した店員の態度が悪い

　商品やサービスに問題がなかったとしても、接客態度が悪いと、クレームにつながります。
　お客様は「自分がお金を出して商品・サービスを購入する以上、それにふさわしい接客を受けることが当然である」という認識を持っています。商品・サービスについてのクレームの場合、代わりの商品やサービスを提供するなど、解決方法が見つかりやすいのに比べて、店員の態度が悪い場合には解決方法が見つかりにくい傾向があります。

クレームはこの３つの点から起こりがち

③お客様の思い込み

　「家電製品が動かない」といったクレームは、お客様が説明書を読まずに間違った使い方をしたために発生することも少なくありません。いわばお客様の思い込みによるものですが、この場合、単に間違いを指摘しただけだと、話がこじれることが少なくありません。お客様の面子を潰さないように間違いに気がついてもらい、クレームを解消することが必要です。

　また、「お客様の思い込みだからしょうがない」と単純に考えるのではなく、「なぜそのような間違いをしてしまったのか」「商品の案内にわかりにくい点がなかったか」など、クレームの根本原因を追求することも重要です。

03 お客様はどのような心理状態なのか

お客様の感情は"単純な怒り"ではない

　クレームが発生したとき、お客様がどのような心理状態にあるかを理解しておきましょう。クレーム対応は、お客様の立場に立って考える想像力が重要です。そのためにもお客様の心理状態を理解しておく必要があります。

①自分の言い分は絶対に正しい

　クレームを申し出るお客様は、「自分は正しくて、お店や会社が間違っている」という確信を持っています。それだけの確信がなければ、ものを言うことは通常ありません。ですから、お客様から話を聞くことなしに「お客様は間違っています」と指摘することは、絶対にしてはいけません。

②お客なのだから優遇されて当然

　さらに、クレームを申し出るお客様は、「自分はお客なのだからきちんと対応してもらって当然」と、普通のお客様より強く思っています。このため、社内のルールで決められた対応をとる場合でも、お客様に「自分は優遇されている」と思っていただくことが欠かせません。

③お店にだまされた被害者

　クレームが発生する場合、お客様は「支払った代金に見合わない不十分な商品やサービスを受けることになった。私はだまされた被害者だ」という思いを強く持っています。

　そのため、少なくともクレーム対応の初期段階では、お客様はお店や会社に対する疑いの気持ちでいっぱいです。

クレームの裏にあるお客様の感情

　そんな状況で不用意な発言をすると、「さらに私をだますのではないか」と受け取られ、さらなる怒りを買うことになります。
　たとえば、エステサロンで申し込んだコース内容に不満があってクレームにつながったお客様に対して、親切心から他のコースを勧めたりすると、「このお店はまた私をだまそうとしている！」などと誤解されかねません。

「クレーム＝怒り」という単純な感情ではない

　このように、お客様は単純に「怒り」という感情からクレームを申し立てているのではなく、さまざまな感情を持っています。クレーム対応にあたっては、多様な感情があることを理解した上で、お客様の心理状態を刺激しないことが重要です。

クレーム対応失敗の3つの原因

「雑・面子を潰す・逃げる」はご法度

やってしまいがちなクレーム対応の失敗例とはどのようなものでしょうか。ここでは3つの原因を見ていきます。

①解決を急ぎ雑な対応をしてしまう

やってしまいがちな誤ったクレーム対応の筆頭は、解決を急ぐあまり、雑な対応をしてしまうということです。

たとえば、「発送日時を指定して商品を注文したのに届かない」というクレームに対して、注文伝票や当日の記録などを確認しないまま、「当店の責任ではなく配達業者の責任です」などと言い逃れをしてしまう場合です。

このような対応は「自分は客なのだから優遇されて当然だ」という感情を刺激し、お客様の怒りをさらに強めることになります。

②お客様の面子を潰してしまう

「それはお客様が間違っております。当店に責任はございません」。クレームは、想定できないようなお客様の勘違いから発生することがあります。そんな場合でも、「あなたは間違っています」と指摘しては逆効果。面子を失ったお客様が逆上して、さらなるクレームにつながる可能性もあります。いくらお客様の勘違いであったとしても、絶対に相手の面子やプライドを失わせるような対応をしてはいけません。

③クレーム対応から逃げる

「上司を出せ！」と言われたので上司に報告すると、上司は「今いないと言ってくれ」などと居留守を使う……。

誤った対応が怒りに火を注ぐ

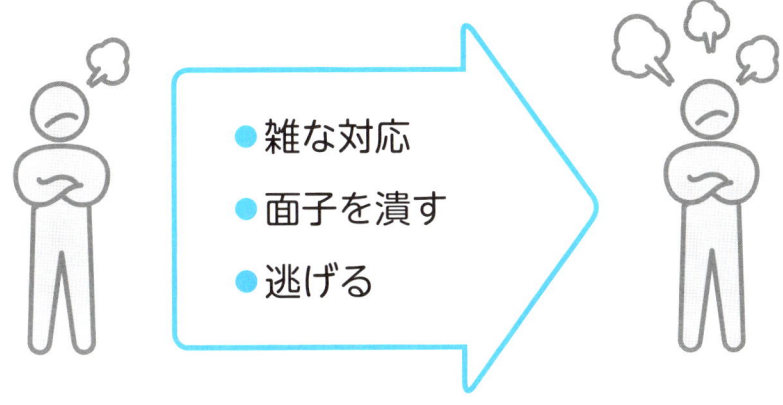

- 雑な対応
- 面子を潰す
- 逃げる

　クレーム対応の場でよくある光景です。このような場合の対処法の詳細はまた触れることとしますが、基本的にクレームから逃げれば逃げるほど、解決は遠ざかります。クレームは気持ちのいいものではありませんが、逃げるのは絶対にやめましょう。

　また「私の担当ではございません。〇〇課へご連絡ください。電話番号をお伝えします」など、社内でお客様をたらい回しにするのもクレーム対応から逃げたために失敗してしまう典型例です。

05 1人のお客様の裏には 300人の顧客がいる

「このクレームをなんとかできればいい」という発想が300人のお客を失う

　クレーム対応の心構えとして、まず意識しなければならないのは、「1つのクレームの裏に300人の顧客がいる」ということです。
　どういうことでしょうか？
　普通、クレームに遭遇すると「なんてツイてないんだ！」と捉えてしまうものでしょう。そこで考えがちなのが、「普段はこんな面倒なことを言ってくるお客様はいないから、このクレームさえ片づけてしまえば大丈夫」ということです。

1件のクレーム対応は300のクレーム対応と同じ

　しかしながら、このような考えでクレーム対応をすると、たとえその場は乗り切れたとしても、後々多くのお客様を失う結果になるでしょう。
　というのも、どんな人でも平均して300人の人とつながっていると言われているからです。当然、クレームを申し出るお客様にも300人の友人・知人がいます。不満足な対応を受けた人が、周囲の300人にあなたのお店の不満を伝えたらどうなるでしょうか？
　人は、友人・知人が発言した内容を信じやすいという傾向があります。あなたも知り合いから悪評を聞いたお店には、悪い印象を持つことでしょう。そんなお店に好き好んで行こうとは思わないはずです。

1人のファンが300人のファンをつくる

　逆に言えば、うまいクレーム対応をした結果も300人に伝わっていくということです。ですから、1つのクレームを上手に解決してお客様にファンになっていただくことは、背後の300人をファンにするのと同じことなのです。

1つのクレームが300人のお客様に影響する

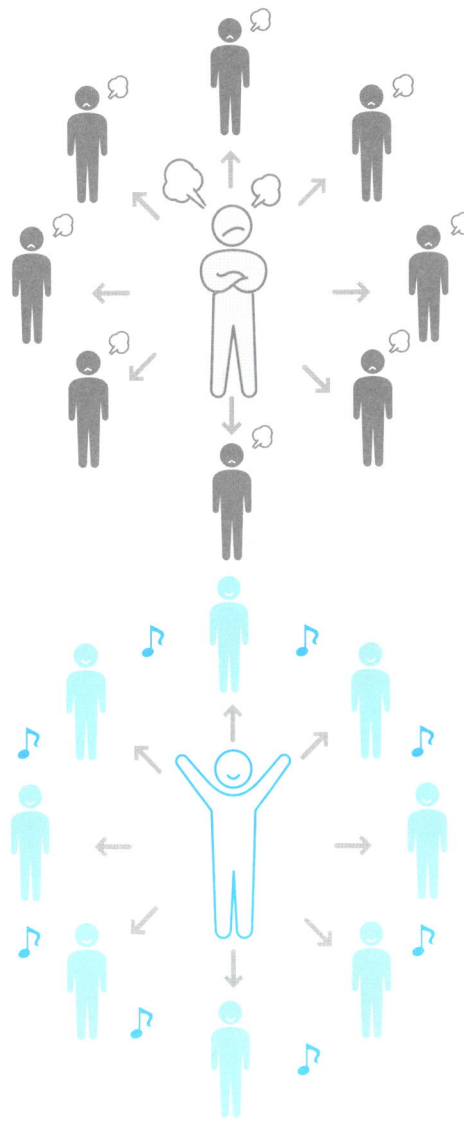

 **不満に感じたことも、満足したことも、
人は周囲に伝えたくなるもの**

お客様は「あなた＝会社」と見る

06

自分が会社・お店の代表と認識しないと、クレームは解消できない

　クレームから逃げたり、「たらい回し」をすることはクレーム対応において絶対に避けなければならない、と述べましたが、それはお客様から見ればクレームを受けるあなたは「会社そのもの」だからです。

店内・社内の役割は、お客様には無関係

　これは、クレームを受ける側が忘れてしまいがちな事実です。
　毎日仕事をするなかで、「自分は販売担当で、Aさんはクレーム担当」という認識が、考えるまでもなく当然の前提として身についていることでしょう。
　ですから、感情的になっているお客様を前にしても、「自分はクレーム対応の担当ではない。だからクレームを断ってもいい」というように考えてしまいがちです。
　一方で、お客様にとっては、不具合のあった商品を販売したB社の従業員は、すべてクレーム担当者です。あなたの言葉はすべて「B社の言葉」であり、あなたの立場は「B社の代表」です。
　ですから「私はクレーム担当者ではありません」と一生懸命にあなたが説明したところで、お客様が納得することはないのです。

「自分は商品の企画から販売まで担当した」と認識しよう

　このような視点の違いを意識しておかなければ、どれほどスキルを身につけたとしても、上手にクレーム対応をすることができません。
　とりわけ、イレギュラーな事態への対応が難しくなるでしょう。
　クレームに対応することになったら、「自分がその商品を企画して制作し営業をして販売した」というくらいの認識を持つようにしましょう。

あなたの視点とお客様の視点は違う

あなたの視点

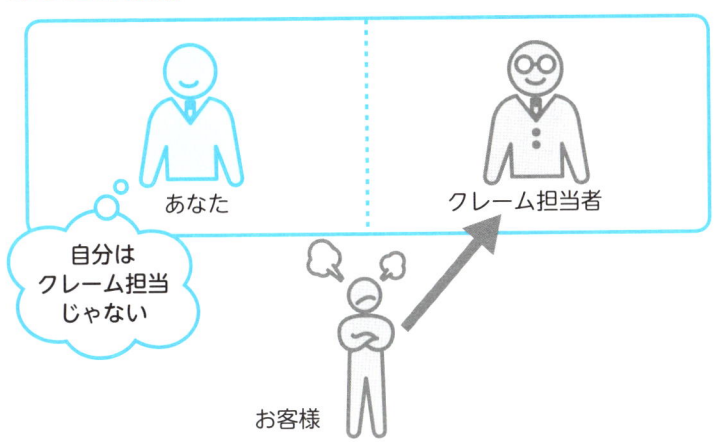

お客様の視点

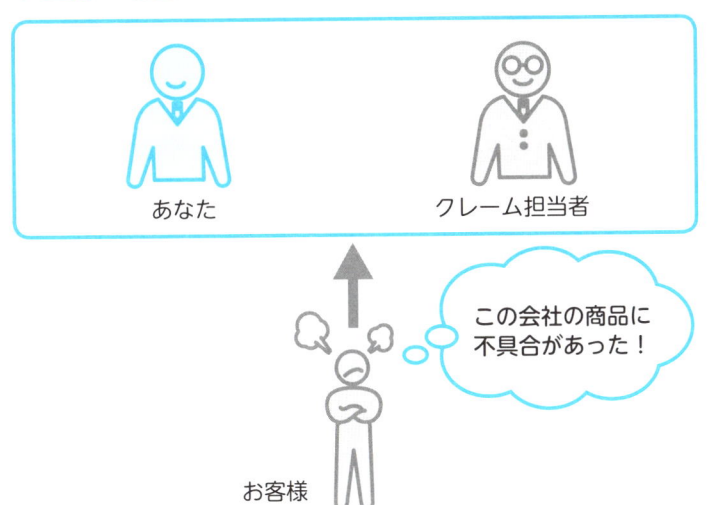

 視点の違いが失敗を招く

07 逃げるとクレームは解決しない

お客様の不満・怒りを受け止めることが解決への第一歩

　クレーム対応を失敗させる最大の要因は何か？　と聞かれれば、真っ先にあげられるのは「逃げたい」という気持ちです。
　クレームは逃げると失敗します。これはしつこいくらい強調して伝えたいことです。

「逃げる」ことは、お客様の不満や怒りを解消する機会を失うこと

　人は誰でも、「嫌なことや大変なことから逃げたい」という欲求を持っていますが、クレーム対応の場面では、その欲求をコントロールしなければなりません。なぜなら、「逃げる」ことは、商品やサービスに対する不満や怒りを解消してもらいたいというお客様の欲求を、一切満たすことのない行動だからです。
　クレーム対応の一番のポイントは、相手の不満や怒りを解消することです。そのためにはお客様の話をしっかりと聴いて誠実な対応をすることが不可欠ですが、逃げるとお客様が不満や怒りをぶつける場所がなくなってしまいます。同時にそれらを解消する機会もなくなるのです。そうして、お客様の怒りをそれまで以上に増加させることになります。

裁判に発展するのは担当者が「逃げた」ケース

　私は弁護士として、ちょっとしたクレームが裁判にまで発展した案件を多数経験してきていますが、トラブルが裁判にまでなってしまった原因の多くは、担当者が「逃げてしまった」ことにあります。裁判が終わった後に、「自分の話を聴いてくれていれば、裁判にならずにすんだのに」という趣旨の発言を耳にすることが少なくありません。
　くれぐれも「逃げる」という気持ちは持たないようにしましょう。

「逃げる」姿勢から言ってしまいがちなNGフレーズ

- 私は担当ではありませんので……

- ○○課が担当ですので、お電話番号申し上げます

- 上司は手が離せない状況ですので、私が対応します
  （上司が逃げて自ら対応せず部下に言わせる場合）

- 私も他の業務がありますので、
  これ以上お話をお聞きする時間はございません

- ただいま非常に混み合っておりますので、
  また後日お越しください

- もう一度ご確認の上、ご連絡ください

- 当社ではそういったお話には
  対応できないことになっております

- 同じことを言われるお客様はおりませんので、
  対応できません

08 お客様が自分の家族だったらどうするかを考える

大切な人が困っていたら、どう対応するか？

「クレームに対応する際は、相手の立場に立って親身になりましょう」。

これは事実ですが、現実問題として、どうすれば「相手の立場に立った親身な対応」ができるのか、すぐには思いつかないでしょう。

わかりやすいのが、「お客様が自分の家族だったらどうするか」と考えることです。

「相手の立場に立って」「親身に」と漠然と捉えると行動しづらい

今対応しているお客様が、自分の大切な子供だったらどうするか？ 自分の父親や母親だったらどうするか？ と考えるのです。

あなたは家族から何か悩みを相談されたり、不満や怒りの解決方法を聞かれたらどのように対応するでしょうか？

「私は担当ではないからBさんに連絡して」などと言うことはないでしょう。とにかく話を聴いてあげたり、思いつく解決方法を可能な限り教えてあげると思います。できないことはできないと言い、適当な答えはしないと思います。わからなくてもできる限り調べて、すぐにその結果を教えてあげると思います。

このように、目の前にいるのは自分の大切な家族である、という認識さえ持てば、まず間違った対応はしなくなります。いちいち「相手の立場になって親身に対応するとしたら、この場合どうするだろう？」などと考える必要がないのです。

ちなみに「お客様は神様です」という言い方がありますが、「お客様＝神様」と捉えることはお勧めしません。神様へのクレーム対応は突拍子がなさすぎて、イメージしにくいためです。

「お客様＝自分の家族」と捉えると、具体的な行動を発想しやすい

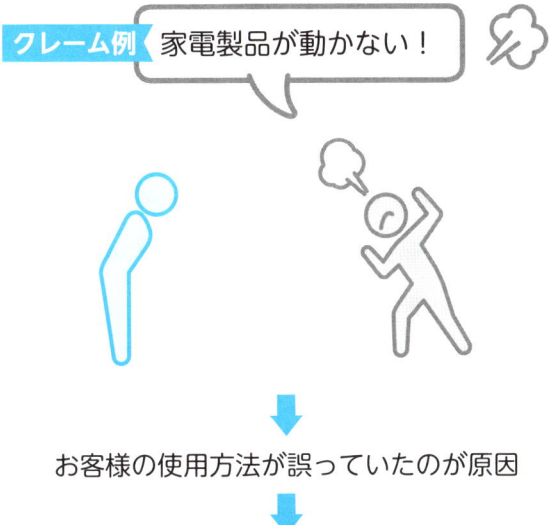

クレーム例　家電製品が動かない！

↓

お客様の使用方法が誤っていたのが原因

↓

「お客様が自分の母親だったら？」と考える

- ▶一緒に説明書の該当ページを読んで確認してあげる
- ▶「わからないことがあったらいつでも連絡してね」と言ってあげる
- ○ 具体的にどんな行動をすればいいか想像しやすい

NG！

言っていることは正しくても具体的行動が発想しにくい表現

- ▶親身になって丁寧に
- ▶相手の立場になって考える
- ▶お客様の気持ちを想像して
- ▶お客様に寄り添うような気持ちで対応

09 クレーム客だという決めつけがお客様をクレーム客にする

こちらの不自然な言動が、お客様の怒りに火をつける

　クレームは自然発生的に生まれてくるというのが、多くの人の一般的な考えです。多くの場合、そのとおりと言えますが、なかにはクレーム担当者がクレーム客を"生み出している"場合があるのです。それはどんな場合でしょうか？

印象による決めつけ・思い込みはなかなか消えない

　それは、クレーム担当者が「相手をクレーム客であると決めつけてしまう場合」です。誰でも、相手を「こういう人間だ」と決めつけてしまうと、なかなかその思い込みから離れることができません。

　お客様をいったん「クレーム客だ」と思い込んでしまうと、その印象はなかなか抜けず、こちらの対応がギクシャクしたものになり、結果として相手が本当にクレーム客になってしまうのです。

　たとえば、過去に「お釣りの金額が違う！」というクレームを言ったお客様がいたとします。レジ担当者がそのお客様を「この人はお釣りにクレームをつける人だ」と思い込んでしまうと、次に来店された際、「お釣りは○円になります。お間違いにならないようにしっかりとご確認ください」と言って金額を読み上げながら1枚ずつお釣りを渡すなど、過剰な反応をとりがちです。

　そうした対応をされたお客様は、自分がお金に細かい人間だと思われたようで気分がよくありません。

　その結果、「俺をバカにしているのか!?」というクレームにつながる可能性があるのです。

　これはまさに、「クレーム客である」という思い込みがクレーム客をつくっている場面、と言えるでしょう。

普通のお客様をクレーム客に変えてしまうNGフレーズ

- 当社の製品にクレームがあるとお伺いしました

- また、なにか不具合がありましたでしょうか

- 以前もお伝えしましたとおり、こちらに責任はございません

- 繰り返しお伝えしておりますが……

- 以前はお客様の思い違いでしたよね

- またクレームがあると思い、しっかりと確認しておりました！

- （話を聞かずにクレーム客だと決めつけて）「すみません。申し訳ありません」を繰り返す

- クレームがあるということでしたら、いただいたお金は返金いたします

- クレームでしたらこちらでは対応いたしません

Part 1 クレーム対応の基本 知識・心構え編

「正論」でお客様は納得しない

10

理不尽なクレームであることは、お客様もわかっている

　お客様のなかには、明らかに理不尽なことを言う方がいます。そんな人に対しては、きちんと説明して、お帰りいただきたい、というのが普通の感覚でしょう。

　しかし、ここで必ず身につけていただきたいのは、「人は正論では動かない」という事実です。この点を勘違いすると、「正論を語っているのに、なぜこのお客様は納得してくれないのだろう」と苦しむことになります。

頭ではわかっていても、なぜかタバコをやめられない

　「人は正論では動かない」という事実は、少し考えればわかります。
　たとえば、タバコ。
　タバコが人の健康に悪影響を及ぼすということは、現代の科学で解明された事実であると言っていいと思います。また、人にとって健康は、非常に重要なものです。この2つの事実から明らかなのは、「健康のためにタバコはやめるべき」ということです。にもかかわらず、世の中にタバコを吸う人がたくさんいるのは、皆さんご承知のとおりです。

　クレーム対応でもこれは一緒です。たとえば、セーターを販売しているお店が、ある時期にセールを実施し、50％オフで売り出したとします。そうしたところ、セール前日に商品を購入した方から、「次の日にセールをするなんてひどい！　翌日からセールだとわかっていたら、セーターは買わなかったわよ」というクレームがあったとします。

　このクレームに正論で答えることは簡単です。「お客様が購入されたのはセール期間中ではなかったため、やむを得ません」と言うだけです。でも、それでお客様が「あ、そうですか」と納得するでしょうか？

正論だけどお客様を怒らせるNGフレーズ

- お客様の使用方法が間違っていたのが原因です

- 事前に説明はしておりますので、当社に問題はありません

- お客様の認識違いが原因です

- 返品はできませんと契約書に書いてあります

- 当店の決まりです

- そういった対応をしなければならない根拠がありません

自分に非があることは、お客様もわかっている

　お客様だって、自分がセール期間中に買わなかったから安くなっていないことは、理解しています。それでも気持ちが収まらないからクレームを言ってきているのです。ですから、正論をそのままお伝えして解決することはありません。

　このような正論で論破できるクレーム（＝お客様に一方的な責任があるクレーム）の対処法は、140ページを参照してください。

　ここで覚えていただきたい心構えは、「正論ではクレームは解決しない」ということです。この点で誤った認識を持つと、どんなに工夫しても問題は解決しませんので、くれぐれもご注意ください。

Column ❶
「クレーマー」という呼び方を生み出した事件

　悪質なクレームをつけるお客様のことを一般的に「クレーマー」と呼びます。クレームを言うお客様すべてを悪質なクレーム客であると決めつけかねないこの言葉はあまり好きではありませんが、世間でよく使われている呼び方です。
　といっても、「クレーマー」は昔からある言葉ではなく、ある事件をきっかけに急速に世間に知られることになりました。
　それは、平成10年12月に発生した「東芝クレーマー事件」です。

　とある量販店で家電製品を購入した男性が、製造元の東芝社に修理を依頼したところ、担当者から暴言を受けたという事件です。男性客が、たらい回しにされたことや暴言を受けたことについて会社に謝罪を求めると、担当者がその男性客のことを「クレーマー」だと指摘したのです。
　男性客がこの発言を録音しており、ネット上に公開。その後、マスコミが事件を取り上げて大論争となりました。
　当時の事実関係がどのようなものであったかはわかりませんが、ここで「クレーマー」という言葉がマスメディアに大きく取り上げられ、世間に「クレーマー」という概念が急速に広がっていったのです。

　一般的に、ある言葉が流行すると、その言葉が示す事象が多く発生しはじめます。最近では「ブラック企業」がそれにあたるでしょう。昔から同じような状況の会社はたくさんあったのに、言葉が流行することにより、ことさらその問題が取り上げられるようになります。
　このように特定の言葉が流行することのデメリットは、呼び方だけで相手方の印象を決めつけてしまうことです。「あの人はクレーマーだから」と決めつけると、基本的なクレーム対応がおろそかになりがちなのです。「クレーマー」という言葉でお客様のことを決めつけていないかどうか、気をつけるようにしてください。

クレーム対応の基本
行動・実践編

Part 2

01 会話はすべて録音しよう

「言った、言わない」の水掛け論や、お客様の脅迫的な発言を防げる

　お客様からクレームを受けた場合には、可能な限り音声を録音するようにしましょう。電話でのクレームはもちろん、可能であれば対面で会話をする時にも録音をしておくことをお勧めします。

会話を録音することの3つのメリット

　まず、①録音がクレームとクレーム対応の証拠になる、という点があります。文書とは異なり、口頭でのやりとりが続くと、後から「言った、言わない」の水掛け論となりがちです。そういった時に録音をしていれば、不毛な議論を防止することができます。

　次に②クレーム客への牽制になる、という点です。クレームを申し出る時、お客様は感情的にヒートアップしていますから、激しい言葉遣いや、会社・スタッフ個人に対して脅迫的な発言をすることが珍しくありません。そういった時に録音は有益です。お客様に「下手なことを言って脅迫だなどと言われては困る」という心理が働くので、感情的になることを抑止できるのです。

　さらに③録音がクレーム対応の改善につながる、という点もあげられます。クレーム対応時の言葉遣いや発言が適切であったかどうかを検証するのは、なかなか簡単ではありません。この点、録音しておけば、対応が適切だったのかどうかを簡単に振り返ることができます。

こっそりと録音するのは違法ではないが、事前に伝えよう

　悩ましいのが、録音していることを相手に伝えるかどうか、という点です。

　そもそも、相手に秘密で録音することは、法律上、許されるのでしょ

録音のメリット

① 録音がクレームとクレーム対応の証拠になる

② クレーム客への牽制になる

③ 録音がクレーム対応の改善につながる

> CHECK 音声による録音は、相手との会話を音声データという方法で記録しているにすぎないので、秘密で録音しても構わない

うか。

　結論から言うと、相手に秘密で録音することは違法ではありません。トラブルになった場合、その録音を証拠として使うことも原則可能です。

　録音とは、相手の言葉を紙にメモするのを、音声データという記録に置き換えたものにすぎないからです。

　それでも、録音していることは相手に伝えるのが望ましいでしょう。こっそりと録音していたことが途中でわかると、当然、お客様は不快に感じるからです。また、録音しているということを相手が認識していないと、脅迫発言を牽制することができず、録音する意味が薄れます。

　最近では電話問い合わせ時に、録音テープで「この通話内容は録音されています」などの案内が入ることも多くありますが、適切な対応と言えます。

クレーム対応こそ大きくはっきりと話そう

02

小声だと聞き取りづらく相手をイライラさせる

　クレーム対応においては、話の内容（どんなことを話すか）が重要なのは言うまでもありませんが、それと同じくらい大切であるにもかかわらず、実際の現場で軽視されていることがあります。それは「声の大きさ」です。

　そもそも、クレーム対応はこちら側になんらかの非があって行なうのが大半ですから、気弱になり、小声になってしまうのが一般的です。小声で話すということはある意味で、相手に対して謝罪の意思があることを表現しているとも言えますが、小声での受け答えはよくありません。

　あまりにも小さな声で対応すると、場合によっては相手の怒りを増幅させることにもなってしまうからです。

小声で話す2つのデメリット

　小声で話すと、①内容が聞き取りにくいために、相手をイライラさせる、という難点があります。内容が聞き取れず、何度も聞き返していくうちにお客様はどんどん不快な気持ちとなるでしょう。

　さらに、②会話内容が間違って伝わる危険性もあります。小声で答えたばかりに、相手に正確に事実が伝わらず、さらなるクレームにつながる可能性があるのです。

　このような不利益を回避するためにも、クレーム対応の際には大きな声で対応するということを意識しておきましょう。普通に対応すると自然と声が小さくなりますので、意識して大きな声で話すとちょうどよくなる場合がほとんどです。

　ただし、お客様に不快感を与えるような大声を出してはいけません。

話し方のここに注意！

- [ ] 声の大きさが小さくなりすぎていないか

- [ ] はっきりと語尾まで発音しているか

- [ ] 早くしゃべりすぎていないか

- [ ] 長くしゃべりすぎていないか

- [ ] 専門用語を使いすぎていないか

- [ ] カタカナ用語を使いすぎていないか

- [ ] 「えー」「あのー」などの言葉を使いすぎていないか

- [ ] 「と思います」「かもしれません」など、責任の所在を曖昧にする言葉を使いすぎていないか

- [ ] 「まじで」「っすよ」などの若者言葉を使っていないか

- [ ] 相手の発言を遮っていないか

03 人は見た目が9割。クレーム対応も見た目が9割

真面目さ・誠実さが伝わる外見か？

　『人は見た目が9割』という本が流行したことがありましたが、人は相手の外見から多くのことを無意識に判断してしまう生き物です。

　「メラビアンの法則」によれば、人が相手から影響を受ける要素は見た目や表情などの視覚情報が約55％、話し方や声の質などの聴覚情報が38％で、実際にその人が話す内容についてはわずか7％程度しか影響を受けないとされています。

　この法則からわかることは、人は話の内容よりも相手の見た目からはるかに多くの影響を受けるということです。

　クレーム対応にも同じことが言えます。本書では、クレーム対応に適した回答例や発言例などを多く掲載していますが、発言例をどんなに身につけたとしても、見た目に気を遣わずにいれば、お客様の反感を買ってしまうことになります。

クレーム対応に適した外見は「誠実・真面目」

　では、どんな外見を心がければよいのでしょうか？

　答えは、誠実さ・真面目さを伝えられる外見です。クレーム対応時の身だしなみをどうするか迷ったときには、「誠実さ・真面目さ」を伝えられるかどうかを判断基準にしましょう。

　服装や髪型に迷った時には、お客様から見て、誠実だと感じられるかどうかを考えてみればいいのです。

　具体的には、右ページに掲載している点を中心にチェックしてみてください。

身だしなみは全身をチェックしよう

頭
- 髪の毛を染めすぎていないか
- 髪型は整っているか
- 髪の毛は清潔か

顔
- 無精髭は生えていないか（男性）
- 派手すぎる化粧になっていないか（女性）
- ピアスは不快感を与えないか
- 鼻毛は出ていないか

上半身
- ラフすぎる格好になっていないか
- シャツの柄は派手すぎないか
- 香水が不快感を与えないか
- 手の爪は清潔にしてあるか
- 裾や襟などサイズは合っているか

下半身
- タイトスカートなど派手すぎる印象はないか
- ジーンズやサンダル履きなどラフすぎる格好ではないか
- 靴はきれいに磨かれているか
- ズボンにしわはないか

04 たらい回しは クレームをさらに悪化させる

自分が担当でなくても、まずはお話を伺う

　お客様をさらに怒らせてしまう一番の理由は、なんといっても「クレームのたらい回し」です。これは絶対に避けなければなりません。

怒りを受け止めて発散させる

　クレーム対応でもっとも重要なポイントは、お客様の怒りや苦情をしっかりと受け止めて発散させることです。そのためには、1秒でも早くお客様の話をお聴きしなければなりません。

　たらい回しがよくないのは、お客様の怒りを受け止めず、シャットアウトしてしまうからです。これによってお客様は怒りの矛先をどこに向ければいいのかわからなくなり、どんどん怒りを溜め込んで増幅させてしまいます。まずは、「たらい回しは絶対にしない」ということを肝に命じておきましょう。

「お伺いの上、担当部署におつなぎいたします」

　それでも他部署のクレームや自分の業務に関係のないクレームが回ってくることは考えられます。そんなときはどうすればいいのでしょうか？　一番やってはいけないのは、「こちらは担当ではありません。お電話番号をお伝えしますので、おかけ直しください」という対応です。お客様からすれば、「同じ会社なのに、なんでまた電話しなければいけないのか。つないでくれればいいのに！」と不満を感じます。

　そのような場合には、「○○についてのお問い合わせにつきましては、○○部署で承っております。私でよろしければお問い合わせ内容をお伺いの上、担当部署におつなぎいたします」と言って、まずはお客様のお話を伺うことが大切です。

「たらい回し」は絶対に禁止！

NG!

担当○○は不在で、担当外の私は対応できません

当部署は担当ではありませんので
おかけ直しください

そのような内容のお話は
○○部署でお伺いしております。
お電話番号をお伝えしますので
お客様にておかけ直しください

また電話するのか……面倒だな、内部で電話を回してくれないのかな。さんざん説明をさせておいて、また別の部署で同じことを説明しなければいけないのか……

○ 大きな不満につながる

GOOD!

その件につきましては、サポートセンターにてお話を伺っておりますが、よろしければ私○○がお話をお聞きし、担当部署にお伝えしておきます。──それではお伺いした内容をサポートセンターへお伝えした後、折り返しお電話させていただきます

○ さりげなく担当部署でないことを伝える
○ 担当ではなくてもお話をお聞きして不満解消に努める
○ こちらから電話をすることを約束し、お客様が電話をし直す手間を省く

05 想像力で お客様の本当の要求を理解する

お客様は自分が何に困っているのかわかっていない

クレーム対応に必要な能力はさまざまありますが、なかでも重要なのが「想像力」です。なぜ、想像力がクレーム対応にとって重要な能力なのでしょうか？

お客様は真の要求を口にするとは限らない

それは、お客様が本当に求めることを要求しているとは限らないからです。このため、お客様が言葉で求めている内容を満たしても、クレームが収まらない場合があります。または収まったとしても、お客様の内心では不満がくすぶり続けていることがあります。

それは、お客様の真の不満が解消されていないからに他なりません。お客様自身、不満が完全に解消される解決方法に気づいていない場合が多々あるのです。

そんなときに必要な能力が想像力です。今、お客様が本当に困っていることは何か、どのようにすれば問題が解決するのか、想像力を駆使して突き止めるのです。

必要なのは「返金」か？

たとえば、飛行機が修理故障のために欠航になってしまったとします。お客様は怒って「おたくの整備ミスで欠航になったのだから、責任はそちらにある。すぐに航空券代金を払い戻してくれ！」と言うかもしれません。ここで代金を払い戻すのも1つの方法かもしれませんが、まずは今、自分がお客様の立場にあったら、どのような点で困っているかを想像します。

もしかすると、お客様は出張先から帰る予定であったにもかかわらず、

お客様の要求を明確にする

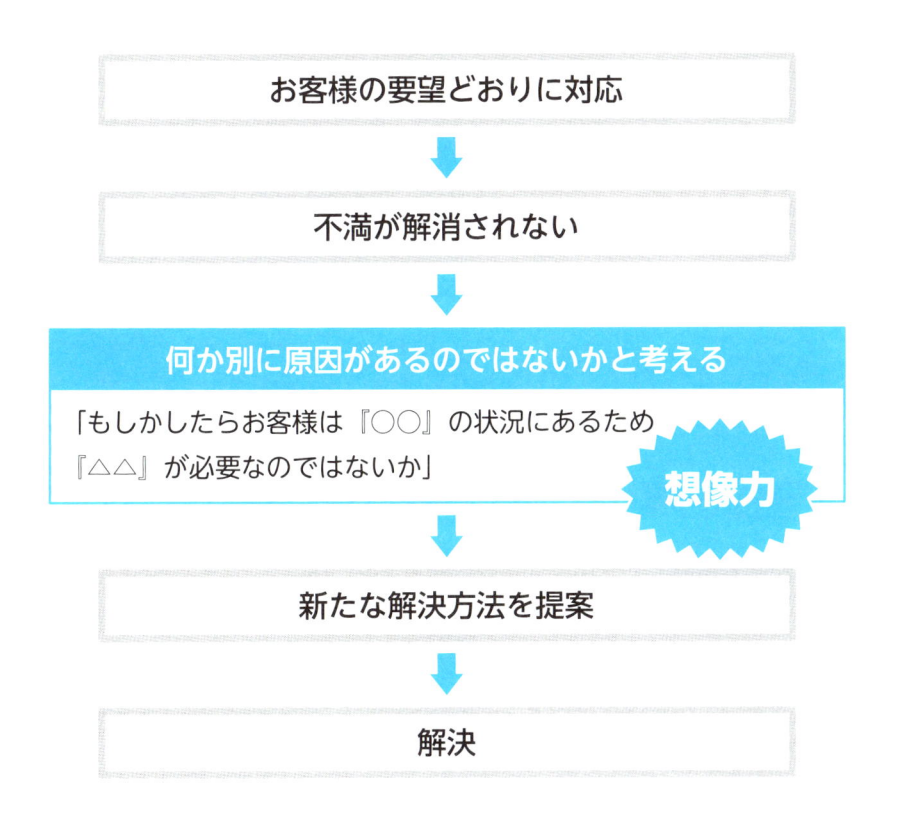

```
┌─────────────────────────────────┐
│     お客様の要望どおりに対応        │
└─────────────────────────────────┘
              ↓
┌─────────────────────────────────┐
│     不満が解消されない             │
└─────────────────────────────────┘
              ↓
┌─────────────────────────────────┐
│ 何か別に原因があるのではないかと考える │
│ 「もしかしたらお客様は『○○』の状況にあるため │
│ 『△△』が必要なのではないか」        想像力 │
└─────────────────────────────────┘
              ↓
┌─────────────────────────────────┐
│     新たな解決方法を提案           │
└─────────────────────────────────┘
              ↓
┌─────────────────────────────────┐
│         解決                    │
└─────────────────────────────────┘
```

　最終便が飛ばなくなったことで、今日寝る場所がなくて困っているのかもしれません。そんなときには航空券を払い戻すより、当日のホテルの手配をして翌日の出発便に振り替えるという提案のほうがいいかもしれません。お客様が本当にそのような状況にあった場合、ただ払い戻すのではなく、ホテルの手配と翌日便への振替を提案するほうが、はるかに満足いく結果となるでしょう。

　このように、要望を満たしているにもかかわらず不満が解消されない場合、「お客様が本当に求めていることは何か？」と想像してみることが重要です。

06 Q&Aを作成しておけばクレームはうまくいく

お客様から言われそうなことと、その回答例を書き出しておく

　本書のようなクレーム対応の本を読んで知識を身につけることと、実際のクレームの現場でお客様に上手に対応することはまったく違います。どうすれば、スムーズに対応できるようになるでしょうか？

　有効な手段は、「Q&A」を事前に作成しておくことです。これからクレームに対応するときには、事前にお客様から言われそうなことをすべて紙に書き出します。その後、適切と思われる回答を書いていきます。

紙に書くことで頭が整理され、不安が減る

　ポイントは必ず紙に書き出すこと。なぜ紙に書き出すことが有効かというと、紙に書くことで頭の中が整理され、不安を減らすことができるからです。頭の中だけで考えると、「何を言われるかわからない」という思いから、グルグルと同じようなことを考え続けてしまい、いたずらに自信をなくすだけです。

　紙に書き出してみることで、「実際に言われそうなことはせいぜいこのくらいだ」と、客観的な視点を持つことができるのです。

　書き出したQに対しては、時間をとってA（回答例）を書いておきます。できるだけたくさんの回答例を考えたら、可能な限り上長や同僚などにチェックしてもらい、修正を加えていきます。

　そうして完成したQ&Aを、実際にクレーム対応する前に何度か読み返し、イメージトレーニングをしていきます。Q&Aをもとに、頭のなかで、相手の発言と自分の回答を映画のように想像してみるのです。何度か繰り返し、イメージ上で違和感なく対処できるようになっていれば問題ありません。実際の対応の場でもスムーズに話せるようになっているでしょう。

Q＆Aの例

Q 贈り物で送ったお皿が割れていた！どうしてくれるんだ

A それは大変ご迷惑をおかけいたしました。誠に申し訳ありません

Q すぐに支払った代金を返金してほしい

A ごもっともでございますが、まずは数点確認させていただいてよろしいでしょうか？購入時のレシートはございますか

Q レシートなんてない。こちらで買ったのは事実だから早くしてほしい

A お手数をおかけして申し訳ありません。レシートがないということであれば、購入された日にちを教えていただけますでしょうか

> **CHECK!**
> Q&Aを作成したからといって、「一言一句、そのとおりに言わなければいけない」とは思わないこと。
> クレーム対応の現場では臨機応変な対応が必要。
> 丸暗記の言葉は不自然な言い回しになる

Part 2 クレーム対応の基本 行動・実践編

07 ロープレとイメトレが成否を分ける

クレーム対応という"試合"に備えて事前に訓練をしておく

　クレーム対応の実際の流れについてはPart 3以降で解説していきますが、流れやトーク例を知識として知っているだけでは意味がありません。日々、現場のお客様に対して使えるようにならなければいけません。
　そのために重要なことはなんでしょうか？
　クレームは毎日必ず発生するものではありませんし、ある意味、一発勝負ですから、経験を積むのも容易ではありません。

ロープレでは上司がお客様を演じると効果的

　そこで重要なのが、ロールプレイング（ロープレ）です。
　ロープレとは、お店のメンバーがお客様とクレーム対応者の役に分かれて、クレームが発生した場面を演じて訓練するものです。
　ポイントは、お客様役を上司が担当すること。役職が上の上司がクレーム客を演じることで、ロープレに緊張感をもたらし、より本番に近い訓練ができるようになるのです。

上手に対応している場面をリアルにイメージする

　ロープレのような大掛かりな訓練ができない場合には、イメージトレーニング（イメトレ）も大変有効です。
　イメトレというと、スポーツの一流選手が試合前に「結果を出している自分」をイメージするトレーニングと思いがちですが、スポーツに限らず利用することができます。
　スポーツ選手がイメトレをするのは、試合という特別で緊張する場面で普段どおりの動きができるようにするためです。クレーム対応の現場も、特別で緊張する場面という点ではスポーツの試合と同じです。だか

上司がお客様役となって練習しよう

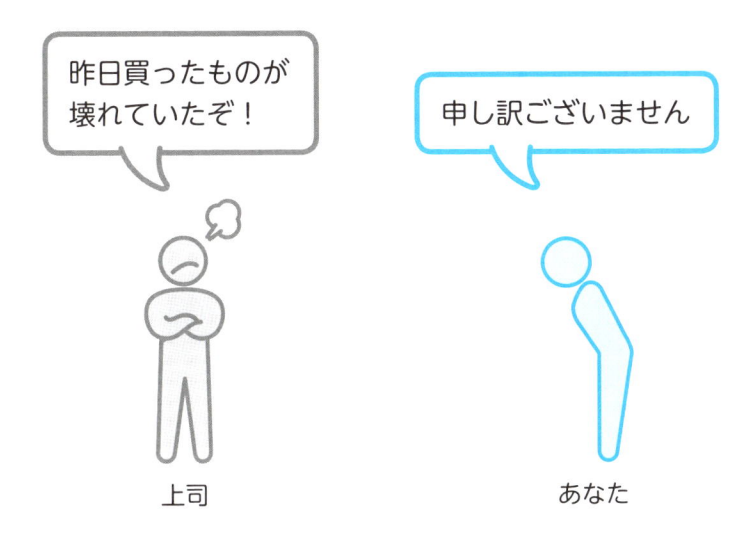

（上司）「昨日買ったものが壊れていたぞ！」

（あなた）「申し訳ございません」

らこそ、イメトレを行なって、普段と同じような能力が発揮できるようにしておくのです。

　イメトレは、リアリティを感じることができればできるほど効果的です。始業前の５分間でもかまいませんから、過去にクレームを受けた状況をリアルに思い出し、それに対して自分が上手に対応し、お客様の怒りを鎮めているところをイメージします。まるで映画を観ているように、カラフルでリアルにイメージできるほど効果的です。

　ロープレとイメトレで、スムーズに対応する自分を感じることができれば、実際のクレーム対応で大きな失敗をすることはなくなるでしょう。

08 代金を返金すればクレームは解決するが……

スムーズに返金すべきケースと、返金に応じてはいけないケースがある

ほとんどのクレームは返金すれば終了する

「クレームがあったらすぐにお金を返せば大丈夫」。そんな声を時々耳にしますが、実際のところはどうなのでしょうか？

結論としては、返金することで多くのクレームは終了するでしょう。特に、お客様の要求が当初から「とにかくお金を返してほしい」という場合、返金してしまえば終了するケースがほとんどです。

弁護士である著者の経験からすると、お客様からの返金依頼に難癖をつけて拒むと、話は途端にこじれていきます。ただでさえお客様は「お店にだまされた、お店は詐欺だ」という思いを持っていますから、返金を拒むと強く反発します。こじれてどうしようもなくなったクレーム事件の多くは、お店がお金に固執してしまい返金に応じなかった場合です。

返金に応じてはいけない3つのケース

しかし、もちろんすべての場面で応じていいわけではありません。次のような場合には、返金に応じるとかえって問題が大きくなるでしょう。

①お客様が返金以外の行為を求めているとき

クレームを簡単に処理したいという思いから、どんなクレームにも「では返金します」とすぐに提案して終わらせようとする場合がありますが、これは絶対にいけません。「面倒くさいことはお金で解決しよう」というお店の意図が見透かされます。

②無料で商品やサービスを得ようという悪意があるとき

当然ながら、このような犯罪まがいの行為に応じてはいけません。このような悪質なクレーム客への対応はPart 8を参照してください。

「お金を返してほしい」と言われたらどうするか

原則　返金することを検討する

NG!　次の場合には、返金に応じてはいけない

① お客様が返金以外の行為を求めているとき

② 無料で商品やサービスを得ようという悪意があるとき

③ クレーム内容がお客様の誤解に基づくとき

③クレーム内容がお客様の誤解に基づくとき

　クレーム内容がお客様の誤解によるものなら、安易にお金を返してはいけません。なぜなら、表面的には解決したかに見えても、実際にはお客様がお店に対してマイナスイメージを持ってしまい、周囲に悪評を広めてしまう可能性もあるからです。

　このような場合には、まずお客様のお話を聞き出し、お客様のクレーム内容が誤った認識に基づくものであることを丁寧に説明しましょう。

09 許してくれた時ほど さらなる謝罪を

緊張状態から解放されると、隙のある発言をしがち。これが失敗のもと

　当たり前のことですが、クレーム対応においては、何度か謝罪の言葉をお伝えする場面があります。

　そのときに注意しておかなければならないのは、お客様が許してくれた時ほどさらなる謝罪をせよ、という点です。

緊張から解放されると、行動に隙が生まれる

　許してもらえたのに、なぜさらに謝罪する必要があるのかと思われるかもしれませんが、ここで言いたいのは、お客様が仮に許してくれたとしても、絶対に気をゆるめてはならないということです。

　謝罪をする場面では誰でも大変緊張するものですが、謝罪を受け入れてもらえると、一気に安堵感が広がって緊張が解消されます。このような気持ちのギャップがあるために、多くの人は、許しを得られた後に隙のある行動をしてしまいがちです。

気のゆるみから出た軽口が命取り

　たとえば、ある商品の配送が遅れてしまい、お客様からクレームを受けたとします。誠実な対応をして、なんとか許してもらえたとしましょう。そこで担当者が緊張から解放され、うっかりと「大事な贈り物でしたら、もっと余裕をみて注文してくださいね〜」などと軽口をたたいてしまうと、お客様には「自分の会社の発送ミスを棚にあげて、『もっと早く注文しろ』だと！　全然反省していない‼」と見えてしまうのです。

　だからこそ、「許してもらえたときこそ謝罪をする」という心構えを忘れないようにしてください。そう意識することで、気のゆるみを防ぐことができるのです。

許してくれた時ほど謝罪を！

NG!

- お客様に許してもらう
- 緊張が一気に開放されて気がゆるむ
- 相手を怒らせる軽口を発してしまいがち

GOOD!

- 許してくれた後も謝罪する
- 謝罪後の緊張感から軽口を言うことはなくなる
- 隙のない謝罪となる

10 「クレーム対応シート」で クレームを管理する

改善点や、そもそもどんなクレームが多いのかを検証できる

記録することで、改善点がはっきりする

　クレームを受けて対応が終わっても、それで完了ではありません。必ず経緯を記録に残しておきましょう。

　というのは、現実に起きたクレームの結果というのは、多くの学びが得られる絶好の機会だからです。

　まず、実際に起きたクレームの記録をとっておくことにより、対応が適切だったのかどうか、どこがよい点でどこが改善すべきであったのか、検証することができます。

　こうした過去の記録は、新入社員や新たにクレーム担当を行なうことになったスタッフにとって、最高の教材にもなります。

　また、クレームを記録しておくことで、どのようなクレームが多いのかが明らかになり、今後の事業展開、店舗運営にあたっての改善点が明確になります。

シートがあれば、誰が見ても経緯がわかる

　このようなクレーム記録を最大限に活用するためには、記載すべき項目をまとめたシートを用意しましょう。誰がクレームを受けても一定の記録が残せるようにすることが大切です。右ページの「クレーム対応シート」（名称はなんでもかまいません）を参考に作成してみてください。

　作成するときのポイントは、「クレーム対処の経緯が再現できるようにしておくこと」です。日付や発言内容などを正確に記載して、後日、誰がそのシートを見てもクレーム対処の経緯が明らかになるようにしておきましょう。

クレーム対応シート

シート作成者		シート作成日	
件名		購入商品	
発生年月日		発生日時場所	
初回受付者		担当者	
お客様氏名		お客様連絡先	
お客様住所			

クレーム内容（5W：いつ、どこで、だれが、なにか、だれが、なぜ、3H：どのように、いくら、いくつ）

お客様の求める内容・要求

対応経緯

①初期謝罪（ ／ ）②話を聴く（ ／ ）③事実調査・対応検討（ ／ ）④謝罪（ ／ ）⑤対応策伝達（ ／ ）

／	
／	
／	
／	
／	
／	
／	

事実調査の結果

対応策の内容連絡

最終結果

今後の改善点

Part 2 クレーム対応の基本 行動・実践編

057

Column ❷
店員に土下座をさせると逮捕される!?

　昨年、衣料品店のお客が店員にクレームをつけ、店員2名に土下座させた上、その様子をネット上に公開した事件が話題になりました。その後、お店側が警察に被害届を提出し、警察がお客を「強要罪」で逮捕するという事態にまで発展しました。
　このように過激なクレーム客が店員に土下座などをさせることは、強要罪という犯罪になるのでしょうか？

　そもそも強要罪とは、「生命、身体、自由、名誉若しくは財産に対し害を加える旨を告知して脅迫し、又は暴行を用いて、人に義務のないことを行わせ、又は権利の行使を妨害した者」に対して成立する犯罪です。
　まず「人に義務のないことを行わせ」ることが犯罪成立の条件になりますが、お客様がミスをした店員に土下座させることが「義務のないこと」になるのかが問題となります。お店側に明らかにミスがある場合、お店が謝罪することは「義務のあること」に該当し得るでしょう。そのため、単に謝罪を求めることに、なんら問題はありません。
　問題は「土下座」です。そこまで求めることが可能かどうかは意見が分かれるところだと思いますが、土下座まですることは「義務のないこと」という解釈は成り立ちます。

　いずれにせよ、強要罪が成立するためには「暴行」や「脅迫」が必要になります。
　たとえば、お客様が店員に暴力を振るって土下座させたということであれば、「暴行」を用いて「土下座」という「義務のないこと」を強要したことになり、強要罪が成立することになるでしょう。また、たとえば「土下座しなければお前（店員）の家まで押しかけて家族全員ボコボコにしてやるぞ」などと「脅迫」して「土下座」させれば、強要罪が成り立つ可能性が高くなります。強要罪が成立するためには、単にお客様が「義務のないことを求める」だけでは足らず、「脅迫」「暴行」という条件が必要となることを覚えておきましょう。

クレーム対応ステップ１
初期謝罪をする

Part 3

01 クレーム対応 5つのステップ

クレーム対応には普遍的な流れがある

　ここから、クレーム発生後の対応手順を具体的にお伝えしていきます。
　クレームへのアプローチはさまざまあり、ケースによって対応の仕方は異なります。しかし、ケースバイケースであるなかにも、普遍的な流れが存在します。それが本書でお教えする5つのステップです。

クレーム対応の5つのステップ

ステップ①　初期謝罪をする
　お客様からの問い合わせに対して、まず謝罪をします。

ステップ②　話を聴く
　お客様のお申し出をしっかりと聴きます。

ステップ③　事実調査と対応策の検討
　クレームの対象となっている問題点について、事実調査を行ないます。その後、事実を踏まえてお店や会社としてどのような対応ができるか検討します。

ステップ④　謝罪をする
　こちら側に責任がある場合にはしっかりと謝罪をします。

ステップ⑤　対応策を伝える
　今後、どのような対応をとるかを伝えます。

手順をきちんと踏めば、最終ステップ前に解決できる

　場合によっては、5つのステップをすべて行なわなくてもクレームは解決してしまいます。むしろ、各ステップをきちんと実践していけば最終ステップに至らずに解決するケースのほうが多いと言えるでしょう。

クレーム対応5つのステップ

ステップ① 初期謝罪をする

事実確認や対応策などを伝える前に、ひとまず謝罪をして、
お客様の不満を少しでも解消する

「このたびはお手数をおかけいたしまして申し訳ありません」
「お時間をいただくことになり誠に恐縮です」
「ご面倒な思いをさせた点、誠に申し訳ありません」

ステップ② 話を聴く

単に「お客様の言うことを知る」という意味の「聞く」ではなく、
注意深く「聴く」

「商品が故障していたとの経緯を教えていただけますでしょうか」
「お手数ですが、何点か確認させていただいてよろしいですか」
「……そうでしたか、それは大変な思いをさせてしまいました」

ステップ③ 事実調査と対応策の検討

クレーム対象となっている店員からの聞き取りや、
商品の流通経路の確認など。こちらの対応策も検討する

「それでは今一度、担当者に確認をさせていただきます」
「すぐに調査の上、一両日中にご連絡いたします」

ステップ④ 謝罪をする

お客様にお店側の謝罪の意思がしっかりと伝わるような方法で謝罪する

「お詫びの言葉もございません」
「誠に申し訳ありません」

ステップ⑤ 対応策を伝える

対応策を単に伝えるだけでなく、
お客様が「今後もこのお店を利用したい」と感じる伝え方が重要

「誠に申し訳ありませんが、当店としましてはキャンセルによる返金か、無料での修理かのいずれかの対応になりますが、いかがいたしましょうか」

02 まず謝ることがポイント

初期謝罪とは、お客様の怒りのガス抜き

　ステップ1は「初期謝罪をする」ですが、そもそもこの初期謝罪とはなんでしょうか？

　初期謝罪とは、お客様からクレームを受けた直後の最初の謝罪のことです。クレーム対応の入り口のあいさつ、とも言えるでしょう。

"怒りのガス抜き"なしでは、どんな説明も聞いてもらえない

　なぜ、対応の最初に謝罪をするのか？

　それはお客様の怒りの感情を受け止めて、感情を発散させることにあります。いわば"怒りのガス抜き"です。

　クレームを申し出た直後のお客様は、怒りの感情で満ちています。心を風船にたとえると、風船の中に怒りの感情というガスが満ち満ちている状態なのです。このままでは怒りの感情以外が入るスペースがないため、どんなに事情を説明したところで意味がありません。まずは、怒りの感情というガスを外に出す必要があるのです。

　そのために有効な手段が初期謝罪です。

　初期謝罪のやり方は後に触れますが、初期謝罪をすることによって、相手の感情を受け止め、吸収することができるようになります。

　クレームを言うお客様は、ある意味、攻撃的な心理状態にあります。そのようなお客様に対して、こちらも同様に攻撃的な対応をしてしまうと、互いにぶつかり合い、スムーズに解決につながりません。

　そのため、お客様が攻撃的な対応をしてきた際には、初期謝罪という方法で、攻撃を受け止める必要があるのです。

初期謝罪をしないとどうなるか

NG!

> ちょっといいかげんにしてよ!!
> この前買ったお菓子に髪の毛が入っていたわよ！
> おたくではどんな衛生管理してんのよ!!

> 髪の毛ですか？
> 本当に最初から入っていたのですか？
> 今、現物はありますか？

> なんなのよ！
> お客である私を疑っているわけ⁉　信じられない！
> もう二度と来ないわよ！　こんな店

➡ 感情を受け入れなかったので衝突してしまう

GOOD!

> ちょっといいかげんにしてよ!!
> この前買ったお菓子に髪の毛が入っていたわよ！
> おたくではどんな衛生管理してんのよ!!

> このたびは当社の製品に関し、大変不快な思いをされたようで、誠に申し訳ありません（※初期謝罪）。お手数おかけしますが、詳しい状況をお聞かせ願いますか

> そうよ、本当に不快だったわ。
> 昨日おたくで買ってきたお菓子なんだけどね……

➡ 感情を受け止めることによって話がスムーズに進む

03 初期謝罪では謝罪の対象に条件をつける

クレームの事実全体を認めず、範囲を限定して謝罪する

　初期謝罪では、具体的にどのような方法で謝罪すればいいのでしょうか？

不快な気分になったこと、お時間をとらせたことに謝罪する

　それは「謝罪の対象に条件をつけて謝る」ということです。

　どういうことかというと、初期謝罪をする段階では、こちら側はクレームの第一報しか聞いていませんから、詳しい情報がほとんどありません。クレームの内容がなんであるか、クレームの責任がどちらにあるのかなどもわかっていない状態です。

　そのような状態でクレーム内容をすべて認めてしまうのは、リスクがあまりにも大きすぎます。後々、「自分たちの責任を認めたではないか」と責任を追及されるおそれがあるからです。

　こうしたリスクを避けるため、初期謝罪ではクレーム内容そのものを認めて謝罪するのではなく、クレームの対象となっている事実が発生したことによって、お客様が不快な気分になったり、お時間をとらせたりしたことに対して謝罪をします。

範囲を限定した謝罪であっても、怒りの感情はぐっと収まる

　このように、限定した部分に対して謝罪をすることによって、クレーム全体の責任を認めない状態で、お客様の怒りの感情を受け止めることができるのです。

　お客様からすれば、クレームとなった事実全体について認めて謝罪を受けたわけではなくても、とりあえず店員の口から「申し訳ありません」といった謝罪の言葉を聞くことで、怒りの感情はぐっと収まります。

初期謝罪の例

- お客様のお手をわずらわせてしまい申し訳ありません

- ご不快な思いをさせてしまいお詫び申し上げます

- 本件のためにお時間をとらせてしまい申し訳ありません

- 多大なお手数をおかけすることになりました点、
  お詫びの言葉もございません

- このたびは、弊社の製品に関して
  不安な思いをおかけしているようで申し訳ありません

- お客様にご不便な思いをさせてしまっている点、
  誠に申し訳ございません

- ご心配をおかけしてしまい、お詫び申し上げます

- 当社の商品に関し、ご迷惑をおかけしてしまい申し訳ありません

- お客様にご不自由をおかけしておりますようで、
  申し訳ありません

04 謝ることと責任をとることはイコールではない

条件つきの謝罪なら、全責任を負うことにはならない

　初期謝罪をしましょうと言うと、「責任の所在が明らかではない段階で謝罪をしてしまって大丈夫なのだろうか。後で『責任を認めたんだからお金を払え』なんて言われないだろうか？」と心配する方もいるかもしれません。

　しかし、そんな心配はいりません。初期謝罪をしたからといって、全面的に責任を認めたことにはなりません。

　なぜなら、すでに述べたとおり、初期謝罪では謝罪する対象に必ず条件をつけているからです。

　初期謝罪では、お店側に責任があることを認めているわけではありません。クレームの対象となる出来事が発生した結果、お客様が不快な気持ちになったり、手間がかかるようになったりしたことに対して謝罪をしているからです。

リスクよりもメリットのほうがはるかに大きい

　むしろ初期謝罪は、リスクよりもメリットのほうがはるかに大きい行為です。というのも、初期謝罪をするかどうかによって、クレーム対応の結果が大きく左右されるからです。

　クレームを申し出るお客様は、意識的にしろ、無意識的にしろ、「まず店員からひと言でもいいから謝罪の言葉を聞きたい」という欲求を持っていますから、それに応えることは、解決に向けた第一歩となるのです。

　「ひと言でも謝罪をさせて、多額の金銭をふんだくってやろう」と考える人はそれほど多くないということも、覚えておいてください（なかには悪質クレームも存在しますが、その場合についてはPart 8参照）。

初期謝罪がお客様の気持ちをやわらげる

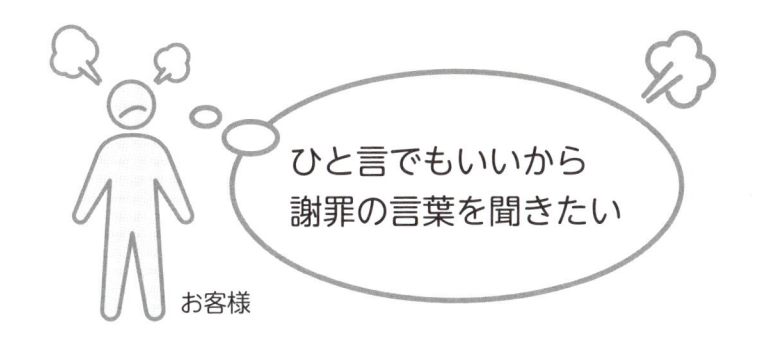

お客様:「ひと言でもいいから謝罪の言葉を聞きたい」

条件つき初期謝罪はお客様のニーズを満たす

「初期謝罪」と「すべての責任を負う」はイコールではないので、謝ることをためらう必要はない

裁判所は「最初に謝ったお店に全責任がある」と捉えない

「それでも心配だ」という方には、私の弁護士としての経験から言わせていただきます。クレーム初期の段階で条件つきの謝罪をしたことで、すべての責任を認めたことになる、という考えは司法の場では認められるものではありません。クレームが解決しなかった場合には、最終的に裁判で争われることになりますが、裁判所が「最初に謝ったからすべての責任は会社(お店)にある」という単純な結論を出すことはまず考えられないと言ってよいでしょう。

条件つきの初期謝罪には大きなメリットがありますので、積極的に実施してください。

05 普段から "謝罪の素振り(すぶり)"をしておく

いざクレームに直面すると、謝罪の言葉が出てこないもの

　メリットの多い初期謝罪ですが、いざクレームに直面すると、なかなかスムーズに言葉が出ないものです。なぜなら、お客様は、最初の段階では興奮していたり明らかに怒っていたりと、感情的になっていることがほとんどだからです。

　人間は本能的に、攻撃を受けそうになると顔がこわばって防御の姿勢をとるか、逆にやられないようにこちらから攻撃しようとします。クレーム対応の場面でもその点に変わりはありません。

　そのため、攻撃的なお客様を目の前にすると、スムーズに初期謝罪などできなくなるのが通常の反応なのです。

　とはいえ、初期謝罪はクレーム対応の最初の段階ですから、ここでつまずいてしまうと、その後のステップがうまくいかなくなる可能性があります。

初期謝罪フレーズを声に出して発音する

　いざクレームが発生した時にスムーズに初期謝罪を行ない、続くステップを成功させるためには、初期謝罪が自然に口をついて出てくるようトレーニングをしておく必要があります。

　具体的には、頻度の高いフレーズを、毎日始業前などに口に出して発音するのです。各スタッフが個別に行なってもいいですし、場合によっては職場の朝礼などの場で、全体で一緒にやるのもいいでしょう。

　重要なポイントは、必ず声に出して発音することです。軽く読み上げたり、目で追うだけでは足りません。このトレーニングは、いわば野球でいう「素振り」のようなものです。本番と同じように体を使って練習することで、はじめて本番でもうまく言えるようになるのです。

謝罪の素振りの注意点

- [ ] 必ず口に出して発音する

- [ ] はっきりと大きめの声で発音する

- [ ] 仕事をはじめる前に毎回行なう

- [ ] 朝礼や会議などで、全員で実施してもよい

- [ ] お客様が目の前にいることを意識して発音する

- [ ] 継続して行なう

　仕事の場面では「素振り」のように体を使ってトレーニングすることが軽視され、なんでも頭のなかで処理できると思われがちですが、それは大きな誤解です。

　クレーム対応の場面でも五感を使ってトレーニングすることが重要なのです。

　何度も何度も口で初期謝罪の言葉を発音することで、はじめて初期謝罪のフレーズが自分の血肉となり、いざというときにスッと口をついて出るようになります。

　初期謝罪のフレーズ例（65ページ）を読み上げてみてください。

06 どうしても謝れないときは「相手の心情」に謝る

少し高いところから見ることで、謝罪への抵抗感が薄れる

　初期謝罪の重要性はわかるものの、どうしてもスムーズに謝れない、という方もいることでしょう。重要性やメリットがわかっているのに、それを行動に移せないのはなぜでしょうか？

　その答えは、謝罪をすることは本能的に自分のプライドを傷つけることになるからです。

　そもそもスムーズに謝れないということは、お客様の言葉を理不尽なもの、納得しがたいものと捉えているわけです。無理を押して謝罪することは、どうしたってプライドを傷つけます。そんなときに「反発するな、感情で動くな」と正反対のことをアドバイスしても効果はないでしょう。

　そうではなくて、別のところに意識を向けてみましょう。

少し高いところからの目線で見る

　それは、初期謝罪では謝罪の言葉を口にするけれど、それは理不尽な相手の要求に謝罪をしているわけではなく、自社の商品やサービスをきっかけにお客様がクレームを言わざるを得ないような心情になってしまったことに謝罪しているのだ、と捉えるのです。

　「うちの商品によって、そんな（怒り、不満）気分になってしまったのですね。それは申し訳ないですね」と、いわば少し高いところからの目線で謝罪をするわけです。

　このように少し高いところから見ると、自分のプライドを傷つけられることがありません。また、あくまでクレームを言うお客様の心情にお詫びをするということが理解できれば、「理不尽なことを言うお客に頭を下げたくない」という気持ちにならずにすみます。

初期謝罪フレーズをつくる「公式」

お客様の心情
心配・不審・不安・面倒・哀しい・残念
不自由・手間・負担・不便・大変

＋

心情への謝罪フレーズ
「このたびは、お客様に
（　　）な思いをさせてしまいまして、
誠に申し訳ありません」

> 例：このたびは、お客様に「ご不便」な思いをさせてしまいまして、誠に申し訳ありません

CHECK！ お客様の心情を（　　）にあてはめると、初期謝罪の言葉となる

07 健康に関するクレームはまず相手の体を心配する

健康を気遣う言葉→お客様への共感→怪我の程度の確認

まず、健康を気遣うのが鉄則

　初期謝罪にもいろいろなパターンがありますが、「そちらで買ったサプリメントを飲んだら頭が痛くなったのよ‼」といったような健康に関するクレームがあった場合、どのような初期謝罪が適切でしょうか？

　健康に関するクレームを受けた場合の鉄則は、必ずお客様の健康を気遣う声掛けをしなければならないという点です。

　上のようなクレームに対しては、「今のお体の具合はいかがですか？」などと、現在のお客様の健康状態を気遣う言葉をお掛けします。

　健康を害したと訴えるお客様は、「自分はそちらの商品のせいで健康被害まで受けている大変な状況だ。それを理解してほしい」と強く思っているものです。ですから、自分たちはお客様の健康状態に最大限の配慮をしている、ということを強調して伝えましょう。

共感してから怪我の程度を確認する

　健康に関するクレームでは、自社製品やサービスとの因果関係を認めてしまうと、大きな金銭賠償責任を認めることにもつながります。

　そのため謝罪より、お客様の心情に共感することに重点を置きます。

　その後は、一般的には、怪我の程度や事故の内容について確認していくことになります。健康に被害が出ているような場合、状況によっては会社やお店が莫大な損害賠償などの責任を負うこともあり得ることですから、初期段階の症状について、のちのち食い違いが起きないように、詳しく症状を聴くようにします。

健康被害がある場合の対応例

> そちらで買ったサプリメントを飲んだら頭が痛くなった、どうしてくれる

> それは大変なことです！
> いまのお客様のお具合はいかがですか？

> ああ、今は治まったんだけどね……

> それはよかったです。
> さぞかし大変な思いをされたとお察しいたします。
> 差し支えなければ、いつの段階でどのような症状がでたのか教えていただけますでしょうか？

> 買ってきたサプリメントを飲んだら、1時間後くらいに頭の前の部分がずきずき痛くなったんだよ

> どのくらいの時間痛みが続きましたか

> 大体1時間くらいかな

> そうですか、それ以降は痛みはないのですね

> そうだね

> それでは、当時の状況を詳しくお聞かせください。
> まず飲まれたのは当社のどの製品でしょうか……

CHECK! 怪我の程度を尋ねるのは、健康に対する気遣いの言葉や、健康被害に対する共感の後。いきなり尋ねると、「怪我の程度によって対応を変えるつもりなのか？」と不信感を持たれかねない

08 先にお礼を言ってしまう「返報性の法則」を使う

お礼のひと言＋初期謝罪がクレームを早期解決に導く

初期謝罪の際にひと言加えると効果的な言葉をご存じでしょうか？

答えは、お客様への「お礼の言葉」です。

クレームを受けているにもかかわらず、なぜお礼を言わなければいけないの？　と疑問に思われるかもしれませんが、初期謝罪の言葉と同時にお礼を伝えるのは、クレームを丸く収めるために手軽、かつ、きわめて効果的なテクニックです。

たとえば「いつもご利用いただきありがとうございます」などのお礼の言葉を、初期謝罪をする前にひと言でもつけ加えるのです。

人は恩を受けるとお返しをしたくなる

なぜ、お礼の言葉をつけ加えるとクレームがスムーズに解決できるのでしょうか？

それは「返報性の法則」という人の心理に関する法則から読み解けます。「返報性の法則」とは、簡単に言えば「人は誰かに恩を受けたら、お返しをしたくなる」というシンプルな心理です。

たとえば、あなたがはじめての土地で道に迷って、どうしようもなく困ったとします。そんなとき、目についたコンビニに入って店員さんに目的地までの場所を聞いたところ、店員さんが親切に地図までつくって場所を教えてくれたとしたら、店員に感謝したあなたは、お返しにそのお店で何かを買ってあげたくなるでしょう。

これが「返報性の法則」で、人は相手に何かしてもらうと、お返しをしたくなる生き物なのです。

初期謝罪に添えるお礼の例

- いつも当店をご贔屓(ひいき)にしていただきありがとうございます
- 毎度当社の製品をご利用いただき感謝しております
- 数ある商品のうち当社の製品をご愛用いただき誠に感謝しております
- このたびは、当社の製品をご購入いただきありがとうございます
- いつも当社のサービスを信頼していただき感謝しております
- 長年のご愛顧ありがとうございます
- いつも変わらぬご支援に感謝の言葉もございません
- ご家族の皆様から末永くご利用いただきありがとうございます

お礼を言うことで、お客様から「許し」というお返しがいただける

　この法則をクレーム対応にも取り入れましょう。

　「お礼」という形で、お客様にある種の恩を与えると、お客様はお返しをしたいと考えます。クレームを申し出るお客様にとってのお返しとは、「許しを与えること」に他なりません。つまり、お礼をつけ加えるだけで、お客様が「許し」という形のお返しをしてくれる可能性が高まるのです。

　初期謝罪の際には、必ずひと言お礼を言うことを忘れないようにしましょう。

初期謝罪のポイントは心を開くこと

「面倒なクレーム客だ」という気持ちは言動に表われ、相手に伝わる

これまで初期謝罪の内容や注意すべき点について説明してきましたが、特に重要なポイントが「心を開く」ということです。

「こちらはちゃんと謝っているのに、お客様が話を聞いてくれない。どうしたらいいの……？」

クレーム対応の現場で、よく聞かれる言葉です。

自分としては、精一杯、謝罪しているにもかかわらず、お客様が納得されないときには、どのように対応すればいいのでしょうか？

自分の心の状態は相手に伝わる

まず、自分は本当にお客様に心を開いているのかどうかを、疑ってみることです。人は、話をしている相手が今どんな気持ちなのか、なんとなくわかってしまうという能力を持っています。

あなたも経験があるかと思いますが、電話で話をしているとき、実際に相手の姿を見ていなかったとしても、相手がどんな態度で話をしているかはなんとなくわかってしまうものです。たとえば、何かを食べながら話をしていたり、タバコを吸いながら話をしているのは、すぐに伝わります。

これと同様に、どんなに丁寧に謝ったとしても、心の中で「この人は面倒なクレーム客だ」と思っていたら、それが言葉や態度の端々に出てしまいます。

お客様は、それを素早く察知します。そして、あなたが何を言ったとしても、お客様は聞く耳を持たなくなってしまうのです。

「お客様が納得してくれない！」と思ったら、まず自分が相手に心を開いているか？ を自問するようにしましょう。

こちらの気持ち1つでお客様の態度は変わる

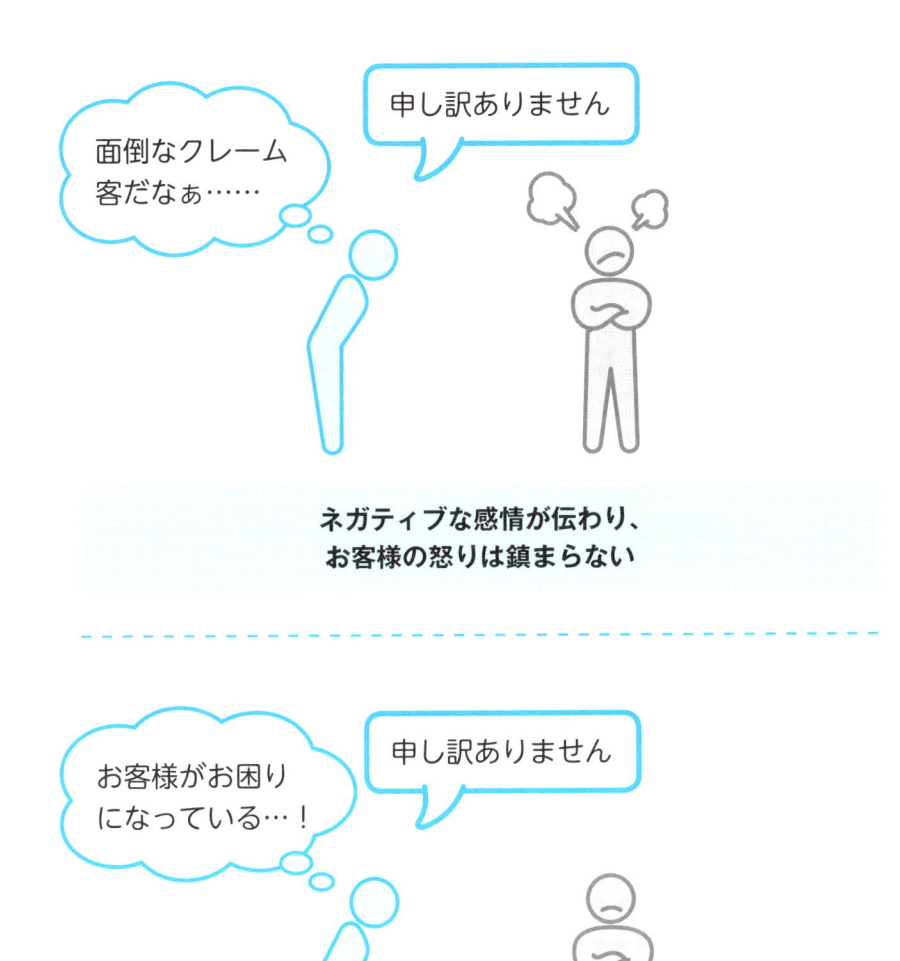

申し訳ありません

面倒なクレーム客だなぁ……

ネガティブな感情が伝わり、お客様の怒りは鎮まらない

申し訳ありません

お客様がお困りになっている…！

心配する気持ちを持っていれば、それはきちんと伝わる

Column ❸

クレームはどこまで許される？

「モンスターペアレント」という言葉を聞いたことがあるでしょうか。明確な定義はありませんが、学校、公共機関、飲食店などに対して、子供に関する、合理的理由のないクレームを繰り返す親、という意味で使われることが多いようです。

これに関連する興味深い判例が過去に出ています。事案の概要は、小学生の子供を持つ両親が、子供を担当する先生に対し、連絡帳を通じて「悪魔のような先生です」「最低の先生だと思っている」などとクレームをつけ、教育委員会や警察に相談に行ったことが、先生に対する不法行為や名誉毀損として違法とされないかが争われた事件です。

この事件は控訴され、現在も争われているようですが、一審判決では、「連絡帳に上記の記載をすること、教育委員会や警察に相談をすることにとどまるのであれば、名誉毀損や不法行為は成立しない」と判断しています。

判決はさまざまな事情を考慮した上での判断ですから、一般論としていうことはできませんが、「不当な内容のクレームであっても、そのクレーム内容を知る人が少数にとどまるような場合には、違法とはならない」と考えているようです。

逆に言えば、根拠のない不当な内容のクレームが、ビラ配布やインターネット上の書き込みなどで多くの人が知り得る状態になれば違法、と判断されることになります。

たとえば、飲食店に対して「この店の料理にはゴキブリが入っている」という嘘のクレームをネット上などで広めた場合、その人の行為は不法行為ないし名誉毀損に該当するということになります。

クレーム内容がどれだけ多くの人に広まっているのか、というのがポイントです。

クレーム対応ステップ２
話を聴く

Part 4

01 話を聴くことは クレームの解決に直結する

お話をしっかり聴くことは、お客様の不満や怒りを受け止めること

　初期謝罪に続くのは、お客様の「お話を聴く」というステップです。
　お客様から、クレームの原因となった事実や経緯について尋ねることは、クレームの原因や責任について判断するために必要不可欠なステップです。ここでいかにしっかりと、クレームに関する事実を引き出せるかで、その後の対応方法に大きな違いが出てきます。それだけ重要なステップといえるでしょう。

「聴く」ことは、情報収集の手段ではなく、解決に直結する行為

　ここで1つ注意点があります。この認識を間違えると、話を聴くことに失敗するだけではなく、逆にお客様を怒らせる結果にもなりかねませんので、注意が必要です。
　それは、「話を聴く」という過程は、クレーム解決の手段という意味があるだけでなく、それ自体がクレーム解決に直結する行為であるという点です。
　どういうことでしょうか。
　「話を聴く」というステップはえてして、対応策を検討するための"情報収集手段"に過ぎないと考えられがちですが、それはまったく違います。「話を聴く」こと自体が、お客様の不満を解消し、クレームを解決に導くために欠かせない行為であるということです。
　これまでの内容を読んでいただいていれば、その理由がおわかりでしょう。「話を聴く」ことは、お客様の「不満や怒り」という感情に共感し、それらの感情を発散させるガス抜きの意味を持つ行為に他ならないからです。

やってしまいがちなNGな話の聴き方

> それからどうしましたか…………
> それでどうしましたか…………それから……
> （など、淡々と事実を言わせる）

> こちらから質問したことだけに
> 回答してもらえますでしょうか

> 当時のお気持ちはわかりましたので、
> どのようなことがあったのかだけ教えてもらえます
> でしょうか

> すみませんが、もう少しポイントを絞って
> お話ししてもらえますでしょうか

> そうすると、先ほどのお話と今の点は
> 矛盾することになりませんか

> お客様がどう思われたかよりも、
> 今はどのようなことがあったのかを
> 言ってもらえますか

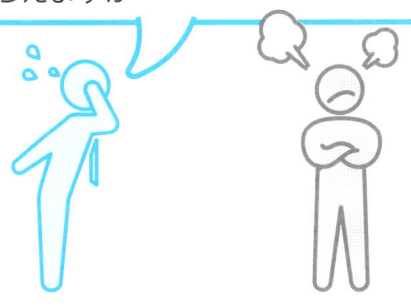

CHECK 事実確認にこだわるあまり、機械的な聞き方、「取り調べ」のような話の聞き方をしてはいけない

02 「反論」「誤りの指摘」「言い訳」は絶対にしない

話を聴くステップでは、ひたすら話を聴くことに徹する

反論は、ガス抜きではなく"ガスを入れ直す"行為

　話を聴くステップで、絶対にしてはいけないこと、それは「反論」「誤りの指摘」「言い訳」です。

　お客様の話を聴く過程では、このようなことをしてはいけません。理由は簡単で、お客様から反発を受けることが明らかだからです。

　話を聴くステップとは、お客様の不満や怒りをガス抜きして解消するためのものと説明しましたが、「反論」などをすることは、ガスが抜けてきた風船に蓋をするだけでなく、逆にガスを入れ直してしまう行為と言っても過言ではありません。

　話を聴く過程であるとわかっていても、当然、反論したくなったり、お客様の誤りを指摘したくなることもあるでしょう。しかし、そこでグッとこらえて、ひたすら話を聴くことに徹するのです。

「反論」「誤りの指摘」などは別のステップで伝える

　勘違いしていただきたくない点は、お客様に事実の誤認があったとしても絶対に言ってはいけないということではなく、「話を聴いている段階」で、そういった反論や誤りの指摘をしてはいけないということです。

　反論や誤りの指摘は、これ以降の段階できちんと伝えることになります（もちろんその伝え方にもコツがあります）。ですから、反論や誤りの指摘をしたくなったときは、「あくまで今は反論や誤りの指摘をする段階ではない」ということを自分に言い聞かせるようにしてください。

やってはいけない「反論」「誤りの指摘」「言い訳」

- お客様のご使用方法に間違いがあるようです
- それは誤解ではないでしょうか
- これまでそのようなことをおっしゃる方はおりませんでした
- お言葉ですが、お客様の対応には問題があります
- それは正しい使用手順をしていないだけですね
- 私はしっかりと説明しましたので問題はありません
- お客様からの注文ではたしかに○○と聞いております
- それはお客様の聞き間違いではないでしょうか
- そのようなことが起きることはあり得ません
- それはお客様が思い違いをされています
- 私は当時、担当ではなかったため、わかりません
- 原則としてそのような対応はしていません
- 普通はそのようなことを言われるお客様はおりません
- 製品マニュアルを読んでいただければ、すぐにわかると思いますが

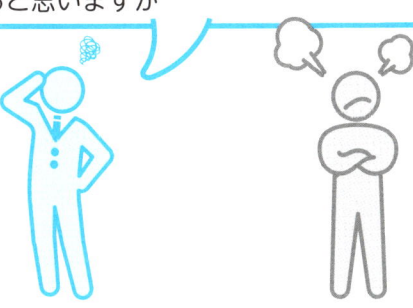

03 話を聴いていることを示す

話をきちんと聴いていることが、お客様に伝わらなければ意味がない

「話をよく聴いてくれている！」と思ってもらうようにする

　話を聴くというステップは、単なる情報収集という意味だけではなく、それ自体がクレームを解消させる効果的な行為であるということは、これまで説明したとおりです。

　ただでさえ重要なステップですが、効果を最大限に発揮できれば、解決がさらに近づきます。そのためには、少しテクニックが必要です。

　それは、お客様に「この人は自分の話をよく聴いてくれている！」と思ってもらうためのテクニックです。

　このような話を持ち出すと、人によっては「テクニックで人の心を操作しようとするのは姑息だ」などと感じるかもしれませんが、それは大きな勘違いです。

「自然に伝わる」と考えるのは傲慢

　なぜなら、あなたが真剣に相手の話を聴いていたとしても、相手がその事実を認識していなければ、何の意味もないからです。

　逆に、「テクニックなんて使わなくても、こちらがきちんと話を聴いていることはわかるはずだ」などという考え方は、ある意味、傲慢です。なぜなら、その人は、相手に自分が聴いていることを伝える努力を怠っているからです。

　右に紹介するようなテクニックを使って、自分がしっかりとお客様のお話を聴いているという認識を持ってもらうようにしましょう。

話を聴いていることを伝える5つのテクニック

❶ うなずき
「なるほど」「へえ」「そうですか」などと言いながら、頻繁にうなずく。小さくリズムよくうなずくことに加えて、ときどき大きく深くうなずくと効果的。

❷ オウム返し
相手の発言をオウム返しのように繰り返す。「なるほど、確実に配送時間は伝えたのですね」「そうですか、受付の女性の言葉遣いが悪かったのですね」など。相手が言ったことをそのまま言い直す。

❸ リアクション
「そんなことがあったんですか！」「それはとんでもないことですね！」などと、相手の話す内容に強く反応する。驚くようなリアクションを交えるとかなり効果的。

❹ 共感
「お客様のおっしゃること、大変よくわかります」「私もお客様の立場であればまったく同じように感じると思います」など、お客様と自分が同じ気持ちにあるということを直接的に表現する。

❺ 要約
「それは担当者が品番を間違えていたということですね」などと、お客様の話をまとめてポイントだけを指摘する。お客様の言いたいことを的確に要約できるとさらに好印象。

04 共感を伝える

理解を得にくいネガティブな感情だからこそ、「わかってほしい」と思う

　話を聴く過程において共感が重要であることは、さきほどご説明したとおりです。

　クレームを申し出るお客様は、商品やサービスが自分の思ったものと違っていたために、たくさんの不満と怒りの感情を持っている状態にあります。不満と怒りの感情というのはとても個人的な感情で、なかなか多くの人と共有できるものではありません。

　しかし、そもそも人というのは、「自分の感情に共感してほしい」という欲求を持っているものです。不満や怒りといった感情であっても、誰かに共感してもらいたい、むしろ、共感を得にくい感情だからこそ、自分の不満や怒りを誰かに「わかってほしい」と強く思っているといえるでしょう。

お客様の不満や怒りに共感を示すと、一気に解決に向かう

　どんな人でも「自分の感情に共感してもらいたい」という強い欲求をもっていることは、あなたも経験的にわかることと思います。

　たとえば、友人や知人の悩み相談にのっている時、大したアドバイスをしているわけでもないのに、相手が勝手に納得したり、スッキリした気分になって終わるのは、よくあることでしょう。それは、あなたに「共感してもらえた」からこそ、相手がスッキリした気分になり、悩みが解決に向かうのです。

　クレームもこれと同じです。不満や怒りの感情を持っているお客様は、共感してもらえず、孤独な状態に置かれています。だからこそ、共感を示すことで、一気に解決に向かうものなのです。この点を頭に入れて初期謝罪を行なってください。

共感を伝えるフレーズ例

- ご家族で楽しみにされていたのですね
- それにもかかわらず問題があり、大変落胆されたのですね
- お子様が気に入ってくれると思って購入されたのですね
- さぞかし驚かれたことと思います
- それは大変残念であったろうとお察しします
- 相当ご不快な思いをされたのだろうと思います
- そのような状況でしたらお客様のおっしゃるとおりでございます
- 私個人として、大変お客様の心情は理解できます
- それは大変な思いをされたことと思います
- お客様の心情を思い浮かべるとなんと言えばいいか、言葉がありません
- 許せないとお思いになるのも当然でございます
- さぞ悔しい思いをされたのだと思います
- 商品の到着を楽しみにされていたのに、到着が遅れてそのお気持ちを裏切ってしまったのですね

05 お客様の話を引き出す こんな「問いかけ」

とにかくお客様に話していただこう

お客様の話す割合を8～9割にする

　お客様から話を聴くことは、お客様の怒りや不満を解消するガス抜きになります。ここでしっかりとガス抜きができればできるほど、その後のステップでこちらの誠意が伝わりやすくなります。

　したがって、クレームを上手に解決するためには、可能な限り長くお客様に話をしてもらう必要があります。

　経験的にいえば、話を聴くステップにおいては、お客様が話す割合とクレーム担当者が話す割合は、8対2、あるいは9対1でも十分なくらいです。それくらいこちらの話を少なくとどめて、お客様に話してもらうことを意識するとよいでしょう。

「問いかけ」次第でお客様はどんどん話す

　では、どうしたらお客様がたくさん話をしてくれるようになるでしょうか。これまで出てきた「お客様に話を聴いている姿勢を示す」「共感していることを示す」というテクニックが効果的であることは言うまでもありません。

　それに加えて大切な技術は、お客様の話を引き出す「問いかけ」をするということです。「問いかけ」はお客様に対する質問と同じ意味ですが、うまい「問いかけ」ができれば、お客様から多くのお話を引き出すことができるようになります。

　クレームを申し出るお客様は、もともとお店に対する不満や改善をしっかりと伝えようとする意思があるお客様です。ですからうまい「問いかけ」さえできれば、話を引き出すことは難しいことではありません。

お客様の話を引き出すフレーズ

- それは○○ということでしょうか

- 具体的に言いますと、どのようなことでしょうか

- 他にはなにか問題がございますでしょうか

- この件について、他にお伝えいただけることはありませんか

- と言いますと、どういうことでしょうか

- それからどのようなことがあったのでしょうか

- ごもっともでございますが、
  さらにご説明いただくとどのようなことでしょうか

- どうしてそのように思われるのでしょうか

- どのようにお考えでしょうか

- 恐れ入りますが、
  もう少しお話をお聞かせ願えますでしょうか

06 お客様をカチン！ とさせるこの表現に気をつける

想像力、責任感、緊張感を持ち続けよう

　話を聴く過程で注意が必要なのは、お客様を怒らせてしまうことがよくあるということです。
　それは、クレーム担当者が話を聴く過程で、カチンとくるひと言を不用意に発してしまうことから起こりがちです。なぜ、担当者がお客様を怒らせる発言をしてしまうのか？　主に３つの理由があると思います。

「聴く」時にこそ、姿勢が問われる

　１つ目は、クレーム担当者に想像力が欠けているために発生することです。「お客様がお話しになっていることを自分が経験したらどのように感じるだろうか」と想像力を駆使して聴かなければなりません。それを怠ると、お客様の心情を無視するような不要な発言をしてしまいます。
　２つ目は、責任感の欠如にあります。クレーム担当者が、お客様にとって自分はお店や会社の代表だという意識が欠けると、不用意な発言が発生します。これはまた、「クレームから逃げたい」という無意識の思いからくるものです。
　３つ目は、気のゆるみからくるものです。お客様の話を注意深く聴いていると、だんだんお客様のテンションが下がっていき、少しお店に配慮してくれるような素振りを見せることがあります。そのようなお客様を前にしてクレーム担当者が「どうやらこのお客様は許してくれそうだ」などと思ってしまうと、一気に気がゆるみます。そのとき、気を引き締めていれば決して言わないようなことを言ってしまい、お客様を怒らせる結果となるのです。

お客様を怒らせる3つの「欠如」

①想像力の欠如

「それでは到着時間が5分ほど遅れただけということですね」
◯ 5分の遅れでもお客様には死活問題であったことを想像していない

(お皿が汚れているとのクレームに対して)「言っていただければ、すぐにお取り替えしますが」
◯ お客様の不快感を想像せず、「取り替えればいいだろう」と片づけている

②責任感の欠如

「そのときの担当者は、私ではないんですけどね……」
◯ 「お客様から見ればお店の代表は自分」という責任感が欠けている

「では一応確認してみます」
◯ お客様は「一応」などという曖昧な対応を望んでいない

③緊張感の欠如

「ははっ、それは大変でしたね」
◯ 気のゆるみから漏れる笑み。お客様にとっては笑いごとではない

「スイッチを入れれば電源を入れなくても動くと思っている方が多いんですよね〜」
◯ 気のゆるみからお客様を小馬鹿にする言い方になっている

お客様の要望を明確にする

お客様の要望を仮定的に投げかけて反応を見る

ひととおりお話を聞いても、お客様がお店に対してどのようなことを求めているか、わからないことがあります。そんなときは、こちらから働きかけることによって、お客様の要望を明確にしましょう。

お客様は真の要望を言ってくれるわけではない

たとえば、「購入したドライヤーの音が思った以上にうるさかった」というクレームのなかで、「なんでこんなにうるさいの？」と聞かれたとしても、お客様は「うるさい原因を説明させる」ことを求めているわけではありません。

「他の機種と変更してほしい」「返品したい」「修理して壊れていないか見てほしい」といったことを求めているのです。

そうした真の要望を、いつもお客様がはっきりと言葉で言ってくれるわけではありません。

そんなときに使えるテクニックが、「仮定的提案」です。

これは、「そうしますと、お客様のご要望としては——ということでしょうか」などとお客様の要望を仮定的に投げかけて、その反応を見る方法です。

こちらから投げかけた内容がお客様の気持ちと合っていれば、お客様は「よくわかってくれた」という思いになりますし、仮に違ったとしても、仮定の話として提案しているのでお客様に不快感は残りにくくなります。そして「そうじゃなくてね……」などと自然に本当の要望の話につながりやすくなります。

お客様の要望が明らかでない時には「仮定的提案」のテクニックを使いましょう。

「仮定的提案」でお客様の要求を明確にする

クレーム例　購入したドライヤーがうるさい！なんでこんなにうるさいのよ！説明しなさいよ！

CHECK　お客様は、ドライヤーがうるさい理由は求めていない

お客様の要望がわからないときには「仮定的提案」をする

「これまでのお話を伺っておりますと、お客様としては商品の返品を希望されているということでよろしいでしょうか？」

「もしかしてお客様としては、無料保証期間中の修理を望まれるということでしょうか」

YES

「そうなのよ、よく理解してくれたわね」

○ 好感を持っていただける

NO

「違うわよ、そういうことではないの」

○ 否定はされるが、断定しているわけではないので不快感が少ない

「私はね、商品の返品をしたいの」

○ 要望の話につながりやすくなる

Part 4　クレーム対応ステップ2　話を聴く

093

08 5W 3Hで事実関係をはっきりさせる

特に how、how much、how many が大事

　お客様から話を聴く際に大切なことは、主に2つあります。
　1つは、お客様の要望を把握すること。これは前項で説明した内容です。もう1つは、発生したクレームに関する事実関係を聞き出す、ということです。
　発生したクレームに関する事実関係を聞き出すことは、クレーム発生の原因を調査したり、原因が解明された時の対処法を検討する上で、非常に重要になってきます。どういうことが起きたかがはっきりしていなければ、何がその原因であるかもわからないからです。
　事実関係をはっきりさせるためには、「5W3H」を意識して聞き出すのがお勧めです。5Wは、いつ（when）、どこで（where）、何が（what）、誰が（who）、なぜ（why）です。5Wを確認することは仕事の基本でもあってわかりやすいと思いますが、クレームの場面では3Hがより大切です。

「どのように、いくら、いくつ」を尋ねる

　3Hとは、どのように（how）、いくら（how much）、いくつ（how many）です。商品のクレームの場合には、その商品の価格や被害を受けた物品の価格がいくらであったかという点が非常に重要になります。また、商品が複数ある場合には、そのうちのいくつがクレームの対象となっているのかを明らかにしなければ、原因を究明し、対応策を立てることができません。
　たとえば、購入したシュークリームに虫が入っていたとして、そのうち1個だけに入っていたなら、偶然であることも考えられますが、10個中10個に虫がいたらお店のミスであることは明らかです。

5W3Hで事実関係をはっきりさせる

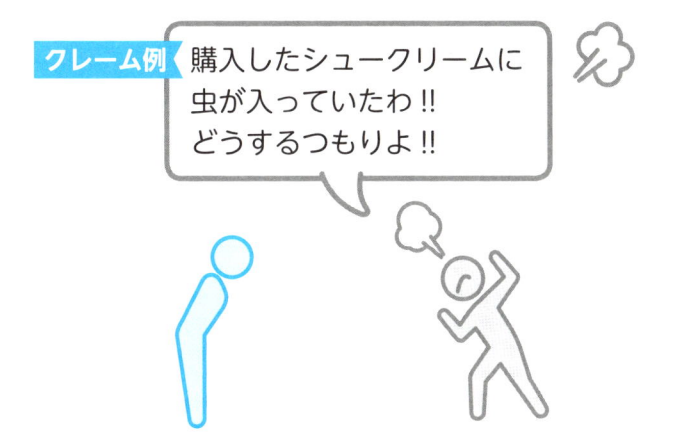

> **クレーム例** 購入したシュークリームに虫が入っていたわ!! どうするつもりよ!!

5W

いつ（when）	➡	午前10時頃購入し、1時間後に発見
どこで（where）	➡	○○菓子店で購入後、自宅で発見
何が（what）	➡	コバエが1匹混入していた
誰が（who）	➡	購入したお客様のお子さんが発見
なぜ（why）	➡	不明。自宅に帰るまで箱は開けていない

3H

どのように（how）	➡	シュークリームのクリーム部分に虫
いくら（how much）	➡	シュークリーム1個120円
いくつ（how many）	➡	10個のうち1個に虫

Column ❹

どのようなクレームを弁護士に依頼するか

　誠意をもって本書に書かれていることを実践しているにもかかわらず、どうしてもお客様に納得していただけない——そんなときの1つの手が、弁護士にクレーム対応を依頼するという方法です。
　では、実際どのような場合に弁護士にクレーム対応を依頼すればいいのでしょうか？
　その判断は難しく、明確に線引きできるわけではありませんが、私の弁護士としての経験からすると、以下のような場合には、弁護士へ依頼したほうがよい結果になる可能性が高いでしょう。
　もちろんクレーム対応はお客様という相手がいることですから、以下にあげる場合に弁護士へ依頼すれば絶対解決するとは限りません。しかし、弁護士へ依頼するかどうかの1つの基準になるのは間違いないでしょう。
　弁護士へ依頼したことで、かえってクレーム解決を遠ざける結果となることもありますので、弁護士へ依頼する際には、メリットとデメリットを十分考慮した上で判断してください。

弁護士への依頼が適切と思われる場面

- 法外な損害賠償の要求を継続している
- お客様が弁護士に依頼している
- 暴力行為や強迫行為を伴うクレームを言っている
- 裁判や調停を申し立ててきている
- 社会常識に反するほど執拗なクレームを言い続けている
- クレーム対応をする者が1人しかおらず相談できる存在がいない
- クレーム対応のために精神的な負担が著しく、他に代わって担当する者がいない

クレーム対応ステップ3
事実調査と
対応策の検討

Part 5

01 まずは事実を確認する

クレーム内容は事実か、クレームの責任がお店側にあるのかを明らかにする

　初期謝罪が済んで、お客様のお話と要望を確認したら、次は事実調査と対応策を検討することになります。

クレーム内容は事実か？ を確認する

　事実調査というのは、お客様がお話しになっているような事実があったのかどうか、本当にそのような事実があったのかを調査することをいいます。

　事実調査によって明らかにすべきは、①お客様の主張されるクレーム内容が本当にあったのかどうか、②そのクレーム内容の責任がお店側にあるのかどうか、という２点になります。

　お店はお客様に謝罪すべきか、どのような対応をとるべきかが、この２点で決まることになりますので、これらを明らかにすることは大変重要です。

不十分な事実調査は、お店の不利益になる

　クレーム対応が失敗する原因の１つに、この事実調査をしっかりやらず、いい加減にすませてしまうことがあげられます。きちんとした事実調査をしなければ、実際にはお店に責任があることをお客様のせいにしてしまったり、お客様に責任があるにもかかわらず、お店側が不要な責任をとらされてしまう結果となります。

　どちらに転んでも、お店にとって不利益になるのは明らかです。

　また、お客様は、「きちんと調べてくれた」ということがわかると、結果はどうであれ、一定の満足を感じます。それだけでクレームが解決することもありますので、事実調査をおろそかにしてはいけません。

不十分な事実調査はお店にもお客様にもデメリット

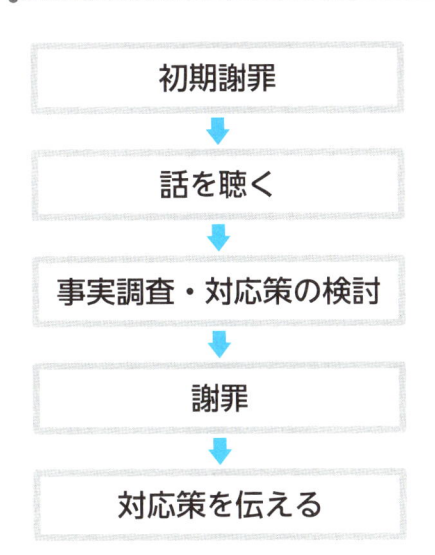

初期謝罪
↓
話を聴く
↓
事実調査・対応策の検討
↓
謝罪
↓
対応策を伝える

事実調査で明らかにすること
① お客様のクレーム内容にあたる事実が存在するのか？
② クレーム内容はお店の責任なのか？

NG! 事実調査を怠ると……

① 責任をとるべきクレームが見過ごされる

② 責任を負わなくてもいいクレームについて責任をとらされる

○ お客様に強い不満が残る

GOOD! 事実調査をしっかりと行なうと

① 責任をとるべき場合に限り責任をとればよくなる

② お客様から「しっかり調べてくれている」と好印象を持っていただける

○ 結果として、お客様もお店側も満足

02 事実調査の2つの方法

関係者全員から話を聞く、記録を確認する

　事実調査の方法には、大きく分けて2つあります。

関係者全員から話を聞く

　1つ目は、「人から聞く」という方法です。これは単純にクレームとされている事実について、それに関わった関係者全員から話を聞いていくのです。具体的には、まずはクレームを申し出たお客様から、詳細な事実を聞き出す必要があります。最初に伺った話では足りない場合には、追加して聞き取りをする必要があるかもしれません。

　また、クレームの発生した商品の販売に関わったスタッフや、商品の発送に関与した取引先の運搬業者などからも話を聞く必要があるかもしれません。

　とにかく、クレームとなった事実を前提に、関与する人からもれなく話を聞いていく必要があります。

書面やパソコンのデータなどを確認する

　2つ目は「記録を確認する」という方法です。これは、書面やパソコンのデータなど、文字や記号で残されている記録を確認していくものです。ほとんどの場合、文字や数字などの記録になるでしょう。こういった記録は、人の記憶と違って、記憶が薄れたり誤解したりするということのない客観的な記録であるため、信頼性の高い情報です。

　そのため、記録による事実解明の結果はお客様も納得しやすい傾向にありますので、可能な限り見つけ出すようにしましょう。

　「人の話を聞く」「記録を確認する」が事実調査の軸です。

クレーム内容を1つ1つ確認する

クレーム例　1週間前にそちらで購入して友達の家にプレゼントとして配送したお皿だけど、到着に2週間もかかった上に、お皿にヒビが入っていたそうよ！
責任をとってちょうだい!!

「到着が遅れた」について調査する

人から聞く

- ☐ 販売担当者
- ☐ 発送処理を行なった商品サポート担当者
- ☐ 配送業者
- ☐ 荷物を受け取った受け取り主

記録を確認する

- ☐ レシート
- ☐ 領収書
- ☐ 送り状
- ☐ 発送伝票
- ☐ 荷物配達状況記録
- ☐ 受領印

「お皿にヒビ」について調査する

人から聞く

- ☐ 製品の製造業者
- ☐ 商品搬入担当従業員
- ☐ 商品陳列担当者
- ☐ 販売担当者
- ☐ 発送処理を行なった商品サポート担当者
- ☐ 配送業者
- ☐ 荷物を受け取った受け取り主

記録を確認する

- ☐ 検品チェック表
- ☐ 注文書
- ☐ 発送前チェック表

03 事実がわからない場合には お店に責任があると心得る

十分な調査をしたことをきちんと伝える

　事実調査を行なったにもかかわらず、クレーム内容が実際にあったのかどうかわからない、またあったとしても、その責任がお店にあるのかどうかわからない——そんな場合にはどのように対処すればいいのでしょうか？

　結論から言えば、そのような場合にはお店に責任があるということを前提に、その後の対応を考えていく必要があるでしょう。

　なぜなら、お店としてはクレームが発生しないように商品やサービスなどの提供過程を明らかにする義務が存在していると言えるからです。

　ただし、クレームの原因がはっきりしないケースのすべてにおいて店舗が責任を負うとなると、あまりにも負担が重くなるのが問題です。

　そのため、そういった事態が頻発する場合には、根本的な原因の究明とともに
①商品の保証期間を定める
②返品や交換の回数を定める
といった対応策が必要になります。これにより、お店の責任を限定することができます。

「十分な対応をしてくれた」と感じていただける伝え方を心がける

　また、原因がわからないことをお客様に告げる際には、単純に「原因がわからない」ということだけを伝えるのではなく、「十分な調査を行なったけれども原因が判明しなかった」という点を強調するようにしましょう。そうすることで、お客様としては「自分のために十分な対応をしてくれた」と感じ、不満が解消されます。

責任の所在がわからない場合の伝え方

クレーム例 購入したミネラルウォーターに白い糸のようなものが入ってました。これは不良品ではないですか？

事実調査を行なう
① 人から聞く
② 記録を確認する

↓

それでも事実関係の原因が判明しないなら、原則としてお店に責任があると考える

↓

すみやかに返品や交換に応じる

全力で調査はしたが判明しなかったという過程を伝える

「当方にて全力を尽くして調査いたしましたが、あいにく原因の究明に至りませんでした」

「当店にて、製造業者への聞き取り調査、販売を担当した店員への事実確認などを行ないましたが、原因は判明しませんでした」

○ 具体的に実施した調査の内容を伝えると効果的

CHECK! 無制限に責任が広がらないように、①保証期間を設定する、②返品、交換対応の回数を確認しておく

調査に時間がかかるときは こまめに報告する

こまめな連絡があることで、お客様は安心感を持つ

　事実調査には、どうしても時間がかかってしまう場合があります。たとえば、商品に関するクレームが発生した場合、製造業者や配送業者にまで調査の手を広げる必要がありますから、その分の時間が必要です。

お客様は「すぐに自分の要望に応じてほしい」と思うもの

　しかしながら、こちらの事情がどうであれ、お客様は基本的に「すぐに自分の要望に応じてほしい」と思うものです。その心理状態を理解せずに、漫然と調査に時間をかけていると、お客様の怒りをさらに強めてしまいます。

　事実調査にどうしても時間がかかってしまう場合の対処法は「お客様にこまめな報告をすること」につきます。

　事実調査に時間がかかるということを当初から告げた上で、
①今現在どのような事実調査をしているのか
②どのくらい進行しているのか
　をきちんと報告するのです。

週に1回以上、定期的に報告する

　報告の頻度は、クレーム内容にもよりますが、おおむね1週間に1回以上の割合で進めていくといいでしょう。

　ポイントは、定期的に報告し、連絡を途切れさせないようにすることと、その後の進め方や目安となる時間を伝えるようにすることです。

　お客様の立場からすると、連絡が途絶えた段階で「自分は軽視されている」と思うようになります。反対にその後の進め方や目安となる時間がわかると、将来の見通しがついて安心感を持つことができます。

まとめての報告は、不満につながる

```
┌─────────────────────────┐
│      クレーム発生        │
└─────────────────────────┘
            ↓
┌─────────────────────────┐
│ 関係者や確認するべき記録がたくさんあり、│
│        時間が必要        │
└─────────────────────────┘
            ↓
┌─────────────────────────┐
│   調査が終了してから報告  │
└─────────────────────────┘
            ↓
┌─────────────────────────┐
│      お客様の不満        │
└─────────────────────────┘
```

途中経過の報告をこまめに行なう

「取り急ぎ、現状の調査状況をご報告させていただきます」
「確認のためお時間いただき、誠に申し訳ありません」

- 週に1回以上は報告する
- 現在の進み具合を伝える
- 今後の調査内容とかかる時間の目安を伝える

05 二次クレームを避けるポイントは「スピード」と「言葉遣い」

お客様との接触が増えるほど、二次クレーム発生率が高まる

二次クレームの解決は容易ではない

　事実調査の段階までくると、お客様に謝罪して話を聴くという受身的な対応だけでなく、お客様に事実関係をお尋ねしたり、現状をお伝えするなど、積極的にお客様と関わる場面が多くなります。
　そうした状況で気をつけなければならないのが、「二次クレーム」です。
　「二次クレーム」というのは、クレームに対応する過程で発生する新たなクレームです。この二次クレームを発生させてしまうと、事態がこじれ、クレーム対応が永遠に終わらないことにもなりかねませんので、絶対に防止しなければいけません。

対応の遅さ、不適切な言葉遣い・態度が二次クレームを生む

　二次クレームが発生する原因は主に2つあります。それは、
①クレームへの対応が遅い
②担当者の言葉遣いや態度に問題がある
　というものです。
　①を解決するには、何よりもスピードが大切なことはいうまでもありません。事実調査に時間がかかってしまう場合には、こまめな報告を行なうこと、とすでにご説明したとおりです。
　②については、やってしまいがちな二次クレームの種類を知っておいて、それらの言動をとらないよう意識することです。
　二次クレームを引き起こす、ついやってしまいがちな言葉遣いは右ページのようなものです。

「二次クレーム」の原因

1. 対応が遅い
- 途中報告をこまめにする

2. 店員の言葉遣いや態度に問題がある

❶ あいまいな言葉遣い
「おそらく今後は同じことはないと思います」
「だいたい3日くらいで終わります」
- お客様からすれば「おそらく」では困る

❷ 専門用語・カタカナ用語を使う
「それはプロバイダに連絡してください」
「コールセンターのオペレーターからのアクションをお待ちください」
- 専門用語・カタカナ用語を知らない人はバカにされたように感じる

❸ 同じフレーズを繰り返す
何を言われても「申し訳ありません」を繰り返す
「検討します」と杓子定規に言い続ける
- いかにも事務的な対応という印象を与える

❹ 上から目線の言葉遣い
「お客様、説明書をご覧になりましたでしょうか」
「購入時に必ず説明させていただいているはずですが」
- お客様をバカにする意図が表われている

困ったら「折り返し電話」にする

保留状態で長くお待たせすると二次クレームにつながる

電話でクレームを受けた場合も、対応の流れは基本的に同じです。初期謝罪をした後に話をお聴きし、事実関係の調査を行ないます。

「保留」「折り返し」、いずれもメリット・デメリットがある

電話によるクレームで1つ注意すべき点は、事実調査に時間がかかる場合、電話を保留にしてお客様をお待たせするか、一度電話を切って後から折り返すか、という点です。

保留のまま対処すれば、迅速に解決できるというメリットがある一方で、事実調査や対応策の検討に十分な時間がとれない可能性もあります。

折り返しのお電話の場合、事実確認や対応策を十分検討できるというメリットに加え、時間を置くことでお客様の感情を鎮める効果もあります。クレーム対応のポイントがお客様の感情を発散させることにあると考えれば、これは大きなメリットです。

デメリットとしては、迅速な処理ができないという点があげられます。

30秒以内に保留状態を解消できるかどうかが基準

以上のメリット・デメリットを踏まえて、保留にするか折り返しにするかどうかの基準は、「30秒位内に保留状態を解消できるかどうか」でしょう。

人は保留状態で10秒以上経過すると、相手方が再び電話口に出るか不安を感じる性質があって、長い保留は二次クレームを発生させやすいからです。

電話の「保留」と「折り返し」それぞれの特徴

保留

- メリット ▶ 迅速に解決できる
- デメリット ▶ 事実調査が不十分

折り返し

- メリット ▶ 十分な事実調査ができる
  ▶ お客様の感情を鎮める
- デメリット ▶ 解決までに時間がかかる

保留する場合の言い回し例

「ただ今、資料を確認いたしますので、少々お待ちください」

「ただ今、担当者に確認いたしますので、お待ちいただけますでしょうか」

「すぐに確認いたしますので保留にさせていただきます」

折り返しご連絡する場合の言い回し例

「それでは内容を確認いたします。少々お時間がかかりますので、折り返しお電話させていただくということでよろしいでしょうか？ 30分以内にはご連絡いたします」

「折り返し、担当者からご連絡させていただきます。遅くとも10分位内にご連絡いたします」

○ 折り返しの電話をかけられる目安時間を伝える。
  目安時間にはゆとりを持たせる

> 当初、30分で折り返しいたします旨をお伝えしましたが、事実確認に万全を期すため、あと10分ほどいただけますでしょうか

○ 折り返し時間を延長するときには、
  確実に延長時間を伝える

07 守れない約束は絶対にしない

約束が守れないと、さらなるクレームにつながる

　事実調査の段階でやってしまいがちなミスは、守れもしないことを約束してしまうことです。
　たとえば、担当者から折り返しの連絡を約束する際に、担当者の確認がとれていないにもかかわらず「10分以内にご連絡いたします」などと回答してしまい、結局担当者がつかまらず連絡ができない、などという場合です。

曖昧な表現をお客様は確定と受け止める

　また、曖昧な言い回しで約束をして、結局それが守れないというケースもあります。
　たとえば、商品の返品を求められた際、クレーム内容の調査を満足にしていない段階で「返品はできると思います」などと回答して、実際に調査したところ返品できなかったという場合があります。担当者としては「できると思います」という表現を使って、できない可能性があることを示したつもりでも、お客様はそういった曖昧な表現をお店側の確定的な判断であると解釈します。

約束を反故にするのは二次クレームの最たる原因

　こういった、守れない約束をして、結局反故にしてしまうという対応は、二次クレームを発生させる最たる原因です。事実調査と対応策の検討の段階では、解決を急ぐあまり、ついつい守れない約束をしてしまいがちです。
　守れない約束は余計にお客様を感情的にさせる、という事実を理解しておきましょう。

つい言ってしまいがちな守れない約束の例

- 返品も可能なはずです
- 1時間もあれば原因は明らかになると思います
- 1週間以内に同じものを用意いたします
- お昼には戻りますので、すぐに連絡させます
- おそらく無料で修理できます
- 多分できると思います
- 同じようなケースの方も返品できましたので、今回も大丈夫だと思います
- 近いうちにご連絡できると思います
- 担当者から10分以内にご連絡します

> **CHECK** 多少、お待たせすることになるとしても、確実な回答をする

08 担当者の「困っている姿」を見せる

お客様は困りながらも懸命に対処している人を「許そう」と思う

　事実調査と対応策の検討は、クレームを解決する上では必要不可欠な過程です。そしてここで意識していただきたいことは、話を聴くこと自体がクレーム対策になるということと同様、事実調査の過程も、それ自体、クレーム解消に直接つながる可能性があるということです。

お店が苦しむことで、お客様の不満は解消される

　というのも、クレームを申し出るお客様は、お店側から理不尽な仕打ちを受けたと感じていて、お店の人間に対して、心のどこかで「自分と同じような苦しみを味わってほしい」と考えているものです。

　そのため、事実調査が難航してお店側の人間が苦しんでいるということがわかると、不満が解消されることがあるのです。

　そのためには、事実調査の過程で「自分たちは苦労して困っている」ということをお客様に見せるという行為も効果があります。

クレームを受ける側が平然としていたら、どう感じるか？

　単純に考えて、あなたがクレームを言った相手が、平然と冷静に対応している場合と、クレームを言われたことに慌てふためきつつも懸命に動き回っている場合、どちらを「許そう」と思うでしょうか？

　おそらく多くの人が、後者に好印象を持つのではないかと思います。

　もちろんやりすぎてはいけませんが、右ページのような言動を意識して使い、こちらが困っていることをお客様に伝えるのも１つの方法です。

相手にこちらが困っていることを伝える方法

言葉で伝える

ただ今、担当部署に至急の連絡を行なっております

全社員を総動員して原因解明に努めております

作業ラインをすべて停止して、調査を行なっています

原因解明に至らず、
社員一同で連日頭を悩ませております

行動で伝える

お客様の目の前で関係部署に慌ただしく電話する

お客様の目の前で小走りで移動する

お客様の目の前で担当者を呼び出して叱責する

お客様の目の前で電話をかけて、大声で話す

深夜にメールを送って、
遅くまで対応していることをさりげなく伝える

09 「できません」はNG、トライした姿勢を示す

「できない」「わからない」とあっさり伝えると、努力不足と思われる

　事実調査を行なっても、どうしても原因が解明できないことがあります。その場合、どのような対応をしたらいいのでしょうか？

「回答が速い＝手間をかけていない」と受け取られる

　もっともお客様の反感を買ってしまうのは、あっさりと調査結果を伝えることです。「原因はわかりませんでした」「原因解明はできませんでした」と、結果だけをあっさりと伝えた場合、お客様としては「調査のための努力もしないで『できない』とはなんだ！　結論ありきで、はなからクレームの相手をしていないのだろう」と感じてしまいます。

　特に、クレームを受けてから「できない」と回答するまでの期間が短いほど、お客様の不満は募ります。お客様からすれば「回答が速いほどたいした手間をかけていない」ということにつながってしまうからです。

「これだけやってくれた」と感じてもらうことが重要

　そのようなお客様の不満を発生させないために重要なことは、以下の2つです。
①しっかりとした調査活動を行なったことを示す
②一定の時間をかけてから回答する

　この2点を理解してもらえれば、お客様としては「これだけやってくれたのにダメならしょうがない」と思ってくれやすくなります。

　できないと安易に言うのではなく、上記2点を意識してお客様へ伝えましょう。

原因が究明できないときのNG対応

- できませんでした

- 無理でした

- 原因がわかりませんでした

- 当店の担当者はみんなわからないとのことでした

- 誰も知りませんでした

しっかりとした調査活動を行なったことを示す

- 当社の調査では原因を特定するに至りませんでした

- 担当者からの聞き取り、取引業者との関連資料の精査などを実施しましたが、原因が判明しませんでした

- 全従業員を総動員して調査にあたりましたが、原因の特定には至りませんでした

ある程度、時間を置いて回答する

- すぐに調査できて即答できる場合でも、あえて少し時間を置いてから回答する

- 時間を置くことで、丁寧な調査をしていることを印象づけることができる

- 時間を置くことで、お客様の感情の冷却期間を設けることができる

Column ❺
クレーム事件の現場は泥臭い！

　弁護士がクレーム対応をすれば、すぐにスパッと解決するというイメージを持っている方は少なくありません。もちろん、事案によっては弁護士が表に出ることにより、スムーズに問題が解決することもあります。しかし、多くのクレーム案件は、弁護士が出て行ったからといってすんなり解決するわけではありません。

　というのも、弁護士の対応が必要になるクレーム案件は、お店や会社がひととおり対応したにもかかわらず、どうにも解決できず、いよいよ最後に回ってくるクレームだからです。

　実際、私はこんな案件を担当しました。

　ある運送会社に、お客様から「配送が遅い」というクレームが入ったものの、実際には配送に遅延はなく、どう考えてもお客様の思い違いです。担当者が何度説明をしても、その場ではおとなしくなるものの、翌日になるとまた一から同じクレームが入ります。担当者がこれ以上対応のしようがないということになり、私が対応することになりました。

　今後は弁護士が対応するという通知を文書で送った後、電話で話をしました。その場では収まるのですが、やはり、翌日になると電話をかけてきます。しばらくはその繰り返しで、気づけば2ヶ月ほど、ほとんど毎日話をしている状態になり、決まった時間に電話がかかってこないと違和感を覚えるほどでした。

　最終的には、直接面会して説明をしたところ、電話での対応とは異なり、お客様は深く納得し、満足した様子でした。「これまできちんと対応していただきありがとうございました」と言われ、翌日から電話がかかってくることはありませんでした。

　おそらく2ヶ月もの間、泥臭くやりとりを続けてきたからこそ、お客様は最終的に納得されたのではないかと思います。

　「どこまでやれば十分か」という基準は、お客様次第です。「ここまでやれば一般的には大丈夫」と自分で安易に考えることなく、泥臭く対応を続けるのも、時には大切なことです。

クレーム対応ステップ4
謝罪をする

Part 6

01 責任があるときの「謝罪」のポイント

「自分たちのミスは認める」という姿勢で、理由は後から説明する

クレーム発生後、初期謝罪を行ない、話を聴き、事実調査と対応策の検討をしたら、次は謝罪をするステップに入ります。

当然ですが、この「謝罪をする」のステップは、「事実調査と対応策の検討」で、お店や会社側に責任があると判明した場合に限り行なうものです（5ページのフローチャート参照）。謝罪をするにあたってポイントとなるのは以下の2点になります。

①正々堂々と正面から謝罪をする

何を当たり前のことを、と思われるかもしれませんが、一番のポイントは、正々堂々きちんと謝罪することです。

というのも、クレームに対する謝罪はときとして、感情的なお客様に対する無意識の反発心や、責任を逃れたいという思いから、中途半端な物言いになることが多いものです。

そうではなく、責任があるとわかった以上、逃げも隠れもせず、自分たちのミスは認めるという姿勢を持つことが重要です。

②理由は後から説明する

謝罪の際、「お客様から怒られたくない」「少しでも責任を逃れたい」という思いから、最初に理由をダラダラと言ってしまうことが少なくありません。しかし、これはお客様から見れば言い訳にしか聞こえません。

ミスの理由は「聞かれてから答える」くらいに捉えて、まずはきちんとした謝罪をしましょう。

謝意を伝えるときのポイント

①正々堂々と正面から謝罪する

ミスの原因がお店側にあると判明したら、
正面からそれを認める

「少しでも責任を回避できないか……」
という意識は持たない

まわりくどい曖昧な謝罪をしない

②理由は後から説明する

「理由→謝罪」の順番ではなく、
「謝罪→理由」の順番を守るようにする

理由は、相手から説明を求められた時に
語るくらいの意識で十分

理由説明をする場合でも、長々とはせず簡潔に

お客様は理由やミスの原因より、
まずはお店側の謝罪を聞きたいと思っている

02 態度と身だしなみに注意する

見過ごされがちだが大切な"非言語的"な部分

　謝罪をする際に見過ごされがちながら重要な点は、態度と身だしなみに注意するという点です。

周囲をキョロキョロ見ながらの謝罪では誠意が伝わらない

　たとえば、あなたがお店からクレームに対する謝罪を受ける際、担当者が貧乏ゆすりをしながらまわりをキョロキョロ見るような態度だったら、どのように思うでしょうか？　この店員は本当に責任を感じているのだろうか？　と不審に思うはずです。

　このように、謝罪の際には謝罪の言葉の内容ももちろん大切ですが、それと同じくらい、担当者の態度も重要になってきます。謝罪をする際には、どのような言い方をするかだけではなく、右ページのチェック表を参考に、態度に問題点がないかどうかを確認しておきましょう。

普段は気にとめないことでも、謝罪時は厳しくチェックされる

　次に、身だしなみも重要です。謝罪をするということは、お店側の責任が明らかになっている状況ですので、お客様のお店に対する要求レベルは高くなっています。そのため、ちょっとした靴の汚れや服装の乱れなど、通常なら気にとめないようなことでも目について、より悪い印象をお客様に与えることになってしまいます。その点を理解した上で、より厳しく身だしなみをチェックしておく必要があるでしょう。

　謝罪の際、お客様からは言葉だけでなく担当者のすべてが厳しく見られているということを認識し、態度や身だしなみといった"非言語的"な部分についても軽視せずに臨みましょう。

謝罪の際のNGな態度・身だしなみのチェック表

お客様に不快感を与える態度

- [ ] 貧乏ゆすりをしている
- [ ] 時計を確認する
- [ ] キョロキョロと他のお客様を気にしている
- [ ] お客様の目を見ないで話す
- [ ] 声が小さくて聞き取れない
- [ ] 必要以上に暗い印象で対応する
- [ ] 腕を組みながら話をする
- [ ] 物を触りながら対応する
- [ ] クビを傾ける

お客様に不快感を与える身だしなみ

- [ ] 香水をつけている
- [ ] 髪の毛を過度に脱色している
- [ ] しわの入ったシャツなど清潔感に欠ける
- [ ] 靴が汚れている
- [ ] 派手なカラーシャツなど、軽い雰囲気の服装
- [ ] ピアスやネックレスなどが派手すぎる
- [ ] 爪が汚い

03 こんな謝罪言葉が怒りをスッと引かせる

わかりやすい表現より、やや堅い表現のほうが謝意が伝わる

　では、謝罪をするとなった場合、どのような言葉がふさわしいのでしょうか？

　ひと口に謝罪と言っても、日本語には謝罪の意思を表わす言葉がたくさん存在します。クレーム対応における謝罪の表現では、ポイントとして以下の2点を満たしてれば合格点と言えるでしょう。

　具体的な表現については右ページを参照してください。

①堅い表現であること

　お客様との会話においては、専門用語や業界用語などを使わず、わかりやすい表現で接するというのが一般的です。しかしながら、クレームに対する謝罪の表現においては、わかりやすい表現よりは、やや堅く感じられる表現のほうが効果的です。

　堅い表現をとることによって、「お店が問題を重大なこととして捉えている」と受け止めてもらえます。

②強い謝罪の意思が伝わる表現であること

　次に大切なのは、「強い謝罪の気持ちを持っている」ことが相手に伝わる表現であることです。

　たとえば、単に「お詫びします」より「深くお詫びします」のほうが、謝罪の意思を強く持っていることが伝わります。

　ひと言加えた言葉で、普通の謝罪より強く謝罪の気持ちを持っていることを伝えましょう。

相手の怒りをスッと引かせる謝罪言葉

- お詫びの言葉もありません
- 誠に申し訳ありません
- 大変失礼いたしました
- 深くお詫び申し上げます
- なにとぞご容赦くださいますようお願い申し上げます
- 心からお詫び申し上げます
- なんとお詫び申し上げればよいかわかりません
- 深く反省しております
- 大変なご迷惑をおかけしました
- 大変なご負担をおかけいたしました
- 不行き届きで誠に申し訳ございません

04 こんな謝罪言葉は相手をさらに怒らせる

稚拙な表現、責任逃れの表現はNG

　反対に、相手を怒らせてしまう謝罪の言葉とはどのようなものでしょうか。相手に謝罪の意思が伝わらず、かえって怒らせてしまうような謝罪表現の特徴は以下の２点にまとめられます。

　謝罪の言葉を考えるときには、この２点にあてはまる部分がないかチェックしてみてください。

①表現が稚拙

　たとえば「ごめんね」や「すまん」といった表現は、謝罪としてはあまりにも表現が稚拙すぎます。友人や家族の間ではいいとしても、お金を支払っているお客様に対して言うべき言葉ではありません。

　「そんな謝罪をする人はいないだろう」と思われるかもしれませんが、小さな飲食店などで常連客に対して不作法があったときに、常連という関係に甘えて、ついこういった表現をしがちです。それによって大切なお客様を失うこともありますので、注意しましょう。

②暗に責任逃れをしている

　謝罪をしているように見せかけて「自分は悪くない」ということを伝える謝罪はよくありません。

　たとえば「担当○○に代わってお詫びいたします」などの表現です。お客様からすれば、謝罪どころか反省の色がまったくないように聞こえてしまいます。お店のミスであることがわかったら、余計な言い訳はせず、正々堂々謝るということを意識しましょう。

こんな謝罪言葉は相手をさらに怒らせる

- わりい
- すまん
- ごめんね
- ごめんごめん
- すいません
- ごめんなさい
- どうもすいません
- すみません
- ○○に代わってお詫びいたします
- 私どもも困っておりますのでご容赦ください
- 悪いとは思っています
- 許してください
- お許しください
- 失礼しました
- ○○とはいえ、悪かったとは思っています
- 私どもも反省しています

05 謝罪と賠償は別物

「謝罪したのだから、すべての賠償をしろ」とはならない

　謝罪をする際のポイントは、すでに説明したとおり「正々堂々、正面から謝罪する」ということですが、なかなかこれができないのは、次のような認識があるからだと思います。

　それは、「すみません」「申し訳ありません」などの謝罪を一度でもしてしまったら、お客様が主張する賠償をすべてしなければいけない、という思い込みです。

　結論から言うと、このような認識は間違っています。著者は弁護士として、クレームが原因となった損害賠償の裁判などを多数担当してきましたが、裁判所が損害賠償の金額を決めるときに「お店は謝罪をしたのだからすべて賠償しろ」という判決を出すことはありません。謝罪をしたことと、賠償額がいくらになるかというのは別の話になるのです。

賠償額は常識的な範囲に限られる

　法律の話になってしまいますが、法律では賠償の金額は「社会通念上認められる因果関係」の範囲で決められます。わかりやすく言うと、常識的な範囲までの賠償に限るということです。

　たとえば、飲食店で店員がお客様の洋服に飲み物をこぼしてシミをつけてしまったとします。このとき、洋服のクリーニング代は当然お店側が払うとしても、お客様が「これから大事な商談だったのに、洋服にシミがついたから行けなくなった。商談で得られるはずだった1億円の利益を払え」と言っても認められません。

　一度謝罪したのだから、すべての賠償をしろ、と言っても認められるものではないのです。安心して正面から謝罪しましょう。

責任には「道義的責任」と「法的責任」の2つがある

大原則　謝罪　≠　すべての賠償

お店がミスした時の責任

①道義的責任＝社会的な責任、常識的な責任

②法的責任＝損害賠償の範囲を決める意味の責任

謝罪をするとどうなるか

①道義的責任に対して

- 道義的な責任を認めたことになる
- 謝罪によって道義的責任をとったことになる

②法的責任に対して

- 法的な責任をすべて認めたことにはならない
- 謝罪だけでは法的責任をとったことにならない
- 賠償行為を行なってはじめて法的責任をとったことになる

Column 6
クレームがあっさり解決する対処法とは？

　前章のコラムで「弁護士が出ることであっさりと解決するクレームもある」と書きましたが、具体的には次のようなケースがありました。

　学習塾を経営している会社に、受講生から寄せられたクレームです。その学習塾の授業料は、チケット制（あらかじめチケットを購入しておき、1回通うごとに1枚使う制度）をとっており、一度購入したチケットは、原則として払い戻しができないことになっていました。入塾時にその旨を丁寧に説明し、了解を得る確認書にもサインをもらっているのですが、どうしてもお客様が納得してくれません。
　ついに顧問弁護士である私に相談があったので、「これ以上言われるようであれば、顧問弁護士に相談します」と伝えてみてください、とアドバイスしました。すると、そのクレームはピタリと止まりました。
　周囲に弁護士がいる場合には、「弁護士に相談してみる」と伝えることで、あっさり解決するケースがあります（もちろんこのような対応をしていいのは理不尽なクレームに対してだけです）。

　また、「警告文」「注意通知書」など、いささか固くて強い表現の内容証明郵便を弁護士名で出す場合も、それだけでクレームがピタッと止まることが少なくありません。人は口頭ではなく、文書で警告や注意を受けると、「何か大きな問題になるのではないか」と不安を感じるものです。たとえ弁護士名や警告文といった表現でなかったとしても、文書の形にすることで、お店側の「不当なクレームには断固として応じない」という強い意思を示すことができ、効果があります。

　その他、直接顔を合わせて話し合いをすることでうまくいく例も多くあります。顔を合わせずに手紙やメールだけでクレームが解決するのは理想かもしれませんが、長々と文字のやりとりをしているより、思い切って会いに行ってしまったほうが、結果として問題解決が早まるというのはよくあることです。

クレーム対応ステップ5
対応策を伝える

Part 7

01 クレームの解決策には どのようなものがあるか

コスト・手間・満足度——3つの視点で解決策を検討する

　このステップでは、最終的にクレームを解決するための解決策をお客様に伝えていきます。その方法を見ていく前に、クレームにはどのような解決策があるのかを知る必要があります。

　クレームが発生する状況はさまざまですが、主なクレームの解決策は、右ページに掲げられているようなものです。うまい解決策が思いつかない場合には、これらを1つずつ検討してみてください。

コスト、手間、満足度を比較検討する

　クレームの解決策を考える上でポイントとなる点は、①コスト、②手間、③満足度です。

①コスト

　どんなに満足度が高い解決策でも、そのために多額の費用がかかる場合には現実的な解決策とはいえないため、確認が必要です。

②手間

　その解決策を実行するために金銭的な負担以外にどのような負担が必要かということです。たとえば、クレーム発生の事実に対して社内調査を実施し、結果を文書で提出するという解決方法は、お金はかからないもののそれなりの手間がかかってしまいます。

③満足度

　お客様の満足度が高いほど、当然、解決には近づきますが、重要なのはそのお客様が本当に求めているものを提供することです。謝罪を求めているお客様に、一般的に満足度が高いと思われる金銭的な賠償をしても、逆に不満が募るだけです。お客様の意思を確認、尊重しましょう。

クレーム解決策とコスト・手間・満足度の比較

クレーム解決策	コスト	手間	満足度
商品・サービス代金の返金	×	○	○
割引券クーポンの提供	○	◎	×
代金の一部返金（割引）	×	○	○
訪問による謝罪	○	×	◎
文書による謝罪	◎	×	○
自社商品の進呈	◎	◎	○
商品券などの金券の提供	×	○	○
賠償金の支払い	×	○	◎
文書による経緯説明と謝罪	◎	×	○
慰謝料の支払い	×	○	◎
物品の提供	×	○	○
ポイントなどの提供	○	○	×
上長による謝罪	◎	×	○
代替品との交換	○	○	○

この表はあくまでも一般的な傾向です。何が適切で解決策になるのかは、ケースによって異なります。

02 解決策は2つ並べて提案する

人は自分で選んだものを「適切なもの」と思う

　前項の基準で解決策を検討したら、次はお客様にその解決策を伝えることになります。その際、複数の解決案が存在するときには、2つの解決案を提案してお客様に選んでいただくことをお勧めします。

　たとえば、「今回の対応策として、当店としてはキャンセルによる返金か、無償による修理という方法がございます。いかがいたしましょうか」といった提案です。

　なぜ、解決案を2つ提示することが有効なのでしょうか。

自分が選択した結果は正しいものだと思う

　1つ目は、お客様が解決案に納得しやすくなるからです。人には、自分が選択した結果は正しいものであると思い込む性質があります（宝くじを買った人は、「自分は当たる」と信じているのと同じことです）。

　その性質を利用しましょう。解決策を選択してもらうことで、「自分の（実際はお店側の）クレーム解決方法は適切なものであった」と思ってもらうのです。

選択するということは、「許す」ことが前提となる

　2つ目の理由は、解決策を選択してもらうことによって、「お店を許す」という前提条件を自然に受け入れてもらえるからです。解決策に応じるということは、その前提としてお店を許すことが必要になりますが、解決策を選択してもらうことで、「お店を許す」ことを当然の前提とするのです。

　このように、解決策を選択していただくことには多くのメリットがありますので、ぜひ使ってみてください。

選択してもらうことで、お客様の納得感が高まる

クレーム例　(美容院に対して)「昨日パーマをかけたのに、今日になったらもうすっかりとけてしまったわ！　どうしてくれるのよ!!」

初期謝罪、話を聴く、事実調査と対応策の検討、謝罪

解決案を2つ提示

「このたびは大変ご迷惑をおかけしました。当店としては、もう一度無償にてパーマのかけ直しをさせていただくか、次回来店時のパーマ費用を無料とさせていただきたいと考えております。いかがいたしましょうか」

「そうなの？　うーん、それじゃ次に来た時に無料でやってくれればいいわ。次はちゃんとお願いね」

- 自分で「次回無料」という選択をすることで、クレームを言った結果、きちんと対応してもらったと満足する
- 焦点が「解決策としてどちらが適当か」という点に移り、お店を許すことが前提となってしまっている

Part 7　クレーム対応ステップ5　対応策を伝える

03 解決案はメリットとデメリットを提示する

「快を得たい」「不快を避けたい」という人の心理に合った提案をする

　解決案を提示する際、その解決案のメリットと、解決案を受け入れないことのデメリットを伝えると、うまく解決案を受け入れてくれるようになります。

　電器店が約束した日時にクーラーの取りつけ工事を実施できなかったというクレームを考えてみましょう。

　電器店がお客様に「別の日時にあらためて工事を行なう」という解決策を提案するとしたら、「別の日時に工事する」ことのメリットとして「追加費用は不要」であることを説明するとともに、その解決策をとらない場合のデメリット、たとえば「他店に依頼すると高額な工事費用が新たに発生する」「当店製品を他業者が工事すると工事ミスの可能性がある」ことを伝えるのです。

メリットとデメリットを提示する際の2つの注意点

　人が行動を起こすには、2つの原因があると言われています。それは、①快を得ること、②不快を避けること、です。メリットとデメリットを提示することは、この2つの人間の行動原則を刺激することになるのです。

　ただし、この提案方法には注意点が2つあります。

　まず1つは、デメリットを強調しすぎないこと。あまり強調すると、お客様はお店に脅されているような気持ちになって逆効果となります。

　2つ目は、お客様が冷静に損得計算できる精神状態になってから行なうことです。感情的になって損得が計算できない状態で提案しても、意味がありません。

メリット・デメリットを伝える際の4つの観点

メリットの例

▶金銭

「この方法であれば、手数料は当社が負担します」
「この対応なら迷惑料のお支払いが可能です」

▶手間

「他の商品にお取替えであればレシートの確認は不要です」
「再配送であれば伝票の記載は当方で行ないます」

▶時間

「すぐに依頼していただければ明日までに修理できます」
「商品取替であればすぐに対応可能です」

▶希少性

「交換は交換品がある今だけ可能な対応です」
「担当者がおります今であれば、再受講が可能です」

デメリットの例

▶金銭

「通常、送料はお客様負担になってしまいます」

▶手間

「別の方法ですと、再度ご来店いただくようになります」

▶時間

「同一商品をご希望となりますと、取り寄せで1ヶ月かかります」

▶希少性

「このような対応は当社独自のものであると理解しています」

> **CHECK** メリット・デメリットは
> 「金銭」「手間」「時間」「希少性」の面から検討する

04 解決案に納得していただけない場合は「変える」ことが大切

解決案ではなく、人、時期、場所、方法を変える

　お店に責任があることが判明し、しっかりと解決案を考えて提案しても、お客様が「その解決策では納得できない」とおっしゃることがあります。その場合はどうすればいいでしょうか？
　キーワードは「変える」ということです。

解決案自体を安易に変えてはいけない

　といっても、安易に解決案を別のものに変えるということではありません。逆に、一度正式に提案した解決案は、よほどのことがない限り、変更してはいけません。そのような対応をすると、お客様は「なんだ、要求すればもっといい解決案を出すじゃないか。それならもっと要求してやれ」と感じ、解決が遠のいてしまうからです。
　「変える」のは解決案そのものではありません。「変える」のは解決案を伝える際の状況です。

伝える「人」「時期」「場所」「方法」を変える

　具体的には、解決案を伝える際の「人」「時期」「場所」「方法」を変えます。
　たとえば、お店のスタッフがお客様のクレーム直後に、店内で解決案を提案し、受け入れてもらえなかったとします。その場合、次に店長が解決案を伝えるようにします（「人」の変更）。そして、店長が別の日にお客様のご自宅に伺います（「時期」「場所」の変更）。口頭だけでなく、謝罪文を用意します（「方法」の変更）。
　このように、解決案を伝える状況を変えることで、お客様は解決案を受け入れてくれるようになるのです。

「解決案」自体ではなく「状況」を変える

人

- 店員から店長へ
- 平社員から課長や部長へ

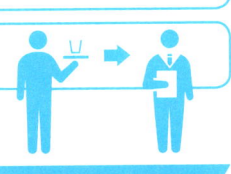

時期

- 日を改めて伺う
- 時間を変えて伝えてみる

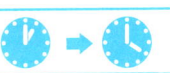

場所

- 店頭のカウンターから応接室に移動して
- お店の中からお客様のご自宅へ伺って

方法

- 口頭による伝達から面談して伝える
- メールでの対応から電話での対応に変える

お客様の自宅を訪問するときの注意点

05

自宅訪問にはメリットもあるが、デメリットもある。個別に検討しよう

　クレームの内容によっては、お客様の自宅までお伺いして謝罪および対応策をお伝えすることも考えられます。

自宅に伺うことで「尊重している」ことを伝えられる

　お客様の自宅を訪問するメリットとデメリットは右ページのとおりですが、一番のメリットは、わざわざ時間をとってご自宅に伺うことで、お店側がお客様を最大限尊重していることを示すことができ、解決の可能性が高くなるという点です。

　一方のデメリットは、スタッフが時間と手間暇をかけて1人のお客様の自宅に伺うことで、コストがかかってしまうという問題です。

　いくらクレームを解決することが重要であるといっても、手間をかけ過ぎて本業に支障が出てしまっては本末転倒です。そのため、自宅を訪問するかどうかは、クレームの内容から個別に判断する必要があります。

こんなときはお客様の自宅を訪問するべき

　一般論としては、クレームの原因となったミスがお店側にあることが明らか、ミスによって生じた結果が重大（例：飲食店で食中毒が発生）、緊急性が高い（例：マスコミの報道が予想される）などの場合は自宅訪問すべきケースと言えます。

　そうは言っても、担当者の対応に問題があるとよけいに解決しにくくなりますから、安易な自宅訪問は避けるべきです。

　右ページのチェックリストを見た上で、自宅訪問するかどうかを決めましょう。

自宅訪問すべきかどうかの判断基準

自宅訪問のメリット

- お客様を尊重する姿勢を示すことができる
- お客様の自己肯定感を満たすことができる
- 対面で話ができるため、信頼関係を築きやすい
- 相手のホームグラウンドで話をするため警戒心を解きやすい

自宅訪問のデメリット

- 訪問者の時間・労力・交通費などがかかる
- 安易に訪問するとお客様の優位性を強化しすぎる
- 解決がクレーム担当者の力量に左右されやすい

自宅訪問をするかどうかのチェックリスト

- ☐ クレームの原因がお店側にあることが明らか
- ☐ クレームによる被害が重大
- ☐ ミスの程度が大きい
- ☐ マスコミ報道の可能性がある
- ☐ お客様の身体・生命に被害がある
- ☐ お客様のお住まいが遠方
- ☐ お客様が自宅訪問を望んでいる
- ☐ お店のお得意様・優良顧客
- ☐ クレームの原因となった商品を確認する必要がある
- ☐ 今後の賠償などのために現地確認の必要がある
- ☐ 対面によるお話をしなければ怒りが収まりそうにない

06 お客様に間違いがある場合の対処法

原因がお客様にある場合でも、あえてひと言謝罪することで丸く収まる

　クレームのなかには、明らかにお店側に責任はなく、お客様に間違いがあるケースがあります。そのような場合、お客様に対してどのような対応をすればいいのでしょうか？

間違いを正面から指摘するのは厳禁

　まず、絶対にやってはいけないのは「お客様の間違いを正面から指摘してお客様の面子を潰してしまうこと」です。

　たとえば、「家電製品の電源が入らない」というクレームがあって、よくよく話を聞いたところ、電源コードをコンセントにしっかりと差していなかったことが判明したとします。ここでお客様に「コンセントにコードを差さなければ、電源がつかないのは当たり前のことです。当店に一切責任はありません」と言うことは簡単ですが、これではお客様の面子が丸潰れで、恥をかかせることになってしまいます。その結果、二度と来店してはいただけないでしょう。

原因はお客様にあっても、あえてひと言謝罪する

　そうではなく、問題の原因は端的に伝えるにとどめ、逆にひと言お詫びをするととても効果的です。

　「原因は電源コードをしっかり差していなかったことだと思われます。この点、当店からの説明が至らなかったようでお詫びいたします」というように、原因がお客様にあることが明らかでも、あえてひと言謝罪をするのです。これによって、お客様の面子を保つことができます。通常のお客様であれば、責任が自分にあったということはわかりますから、謝罪につけ込んで新たな要求をしてくることはありません。

責任がお客様にあることが明らかな場合の対処例

クレーム例：「おたくで買った家電製品の電源がつかない‼　不良品じゃないか⁉」

話を聞いた結果、電源コードの差し忘れであることが判明

NG!

「お客様、家電製品はコードを差さなければ動かないのは当然です。当店に一切の責任はありませんのでお引き取りください」

→ お客様の面子を潰し、恨みを買う。結果、二度と来店しない

GOOD!

「原因はコードの差し忘れのようです。電源を入れる前にコードの差し忘れがないか確認する点のご説明が足りないようで申し訳ありません」

↓

「この点、他のお客様にもご説明することを検討させていただきます。このたびは貴重なご指摘をありがとうございました。必ず今後に役立たせるようにいたします」

→ お客様のクレームを今後の業務改善に利用させていただく旨をつけ加えると、お客様の満足度が高まる

07 責任の所在が不明な場合の対処法

こちらに責任はなくても謝罪は必要。その後、何ができるかを伝える

原因がわからない場合の謝罪の仕方

　クレーム内容をお聞きして内部調査を丹念にしても、お客様とお店側のどちらに責任があるのか判明しない場合もあり得ます。その場合、どのように対応することが正解なのでしょうか。

　そのような場合は、まず「調査をしたが原因は判明しなかった」旨を端的に説明します。お客様の求めに応じて調査内容を説明することもあるでしょう。

　その後、謝罪をします。「原因がわからないのに謝罪をするのはおかしい」と感じられるかもしれませんが、このときの謝罪はクレームの原因そのものに対する謝罪ではなく、クレームの調査に時間がかかったことや、お手間をかけさせてしまったことに対する謝罪です。責任がお店にあることを認めているわけではないので、その謝罪をしたからといって法的な責任を取ることにはなりません。

こちらに責任はなくても、「何ができるのか」をしっかり伝える

　このときにやってはいけないのは、「クレームの原因がなんであるかわかりませんでした。そのため当店には責任はありません」と回答してしまうことです。この対応ではお客様の怒りは鎮まらないどころか、さらに怒りを増幅させてしまいますから、責任はお店になくとも、とり得る対応策を伝えることが重要です。

　「原因は判明しませんでしたが、○○とさせていただきます」という表現で、責任がなくてもしっかりと対応しているということを印象づけます。

責任の所在が不明なクレームの対応例

クレーム例:「出されたラーメンに髪の毛が入っていた！この店の衛生管理はどうなっているんだ!!」

⬇

店員が帽子を着用していたかどうかなど、衛生管理状況を確認しても原因は判明しない

⬇

GOOD!

「お客様、店員全員の着帽についての確認などをいたしましたが、不備は見当たらず原因は見つかりませんでした。しかしながら、本件でお客様に不愉快な思いをさせましたことと、お時間・お手間をとらせたことを深くお詫びいたします」

NG!

「店員の衛生管理などを調べましたが、問題はありませんでした。当店の責任ではありませんので、ご了承ください」

⬇

対応策を伝える

「つきましては、原因は判明しておりませんが、ただちにお料理を作り直してご提供させていただきますのでご了承ください」

○ 原因は判明しないけれども、お店として精一杯の対応をする旨を伝える

CHECK 対応策についてはお店としてできる限りのものでよいが、言い方・伝え方が重要

Column ❼
弁護士にクレームを任せる メリット・デメリット

　弁護士に依頼するのが、クレーム解決の有効な手段の1つであることは、すでに述べたとおりです。
　しかしながら、なんでもかんでも弁護士に丸投げしてしまうのはよくないことです。それはお客様のクレームからお店が安易に逃げることになってしまい、お客様の信頼を損ねるばかりでなく、ひどい場合には「あの店はすぐに弁護士を出してきてこちらを悪者扱いする店だ」という悪評もたちかねません。
　以下に、弁護士に依頼することのメリットとデメリットをあげておきます。「ここは弁護士に依頼するしかない」と考えた時は、一度落ち着いてメリット・デメリットを検討してから決めてください。

メリット

- 法的に正しい対応をすることができる
- 交渉やクレーム対応に慣れている専門家が対応する
- 交渉窓口が変わるため直接対応する手間が省ける
- 直接対応する必要がなくなるため精神的負担が軽くなる
- お客様の態度が沈静化しやすい

デメリット

- お店がお客様に対して対決姿勢を示すことになる
- 相手によってはよけいにヒートアップする場合がある
- 弁護士費用がかかる
- 法的には正しいが事務的な対応になりやすい
- 相手も弁護士をたてることになって、紛争が本格化・長期化する可能性がある

悪質クレーマーへの対処法

Part 8

01 悪質クレーマー対応の基本

安易に要求に応じると、「脅せば出す」と思われかねない

　クレームは、いわゆる"悪質クレーマー"から寄せられることもあります。その場合、次の3つの基本方針に基づいて対応しましょう。

即断しない、安易に要求に応じない

　1つ目は「即断しない」ことです。悪質クレーマーは、自分が根拠のない要求をしていることを理解しています。そのため、早期に結論を出すべく、その場でお店に要求を飲ませようと働きかけてきます。そこで即断してはクレーマーの思うつぼです。対応策は必ず持ち帰りましょう。

　2つ目は「安易にクレーマーの要求に応じない」ことです。クレーマーの目的の多くは、お店にお金を支払わせたり、嫌がらせをすることです。お店が安易に相手の要求に応じると、クレーマーはますます要求をエスカレートさせます。

　また悪質クレーマーは、同じようなクレーマーとつながっていることがあります。「あの店は脅せば出す」という情報が広がると、他の悪質クレーマーも来店しかねませんので注意が必要です。

対決姿勢をとらない

　3つ目は「対決姿勢をとらない」ことです。悪質クレーマーが来るとお店側は「やっつけてやろう」と身構えますが、これはかえって逆効果です。対決姿勢で臨むと、「話を聴く」というクレーム対応の基本がおろそかになり、相手の怒りを増幅しやすくなってしまうからです。

　また、悪質クレーマーにも、それなりに面子があります。あまりに対決姿勢を貫くと、不必要に相手の面子を潰してしまい、結果として話がさらにこじれるので要注意です。

悪質クレーマー対応の3つの基本

①即断しない

- 即断すると相手の不当な要求に応じることになる
- 正常な判断ができない状況なので、間違った対応をしてしまいがち
- お店の対応を求められたときは必ず「持ち帰って検討」
- 思わぬ不利な証拠や約束などを取りつけられてしまい、多額の賠償などを負わされることがある

②安易にクレーマーの要求に応じない

- クレーマーをつけあがらせてしまい、同じ要求が繰り返される可能性がある
- 他の悪質クレーマーから「脅せば取れる店」と認識されてしまう
- 「責任を一度は認めただろ」などと言われ要求がエスカレートする可能性がある

対決姿勢をとらない

- クレーム対応の基本を忘れると、結果として失敗しがち
- 相手を引くに引けない状況にしてしまい解決できない
- 相手を激高させてしまい身に危険が及ぶ可能性もある
- 淡々と処理したほうが、相手に要求を諦めさせやすい

02 悪質クレーマーの見分け方

相手が悪質クレーマーだとわかったら、パニックにならないよう意識する

悪質クレーマーとは何か。

特段決まった定義があるわけではありませんが、明らかに根拠のないクレームを言ってくる、同種のクレームを繰り返す、法外な額の金銭など多額の賠償を求めてくる——こうした特徴を持ったクレーマーです。詳細は右ページのチェックリストを確認してください。

大きな声で要求を迫るのは、相手の作戦

1つ共通する特徴は、現場を混乱させてその場でお店から賠償金などの成果を引き出すという点です。

前項でもお伝えしたように、悪質クレーマーは自分で根拠のない要求をしていることを認識していますから、クレームの根拠をじっくりと調べられたくないという思いを持っています。だからこそ、その場ですぐにお店から賠償などを引き出そうとするのです。

その場で賠償を引き出すためには、現場を混乱させてスタッフをパニックにし、判断力を奪う必要があります。ですから悪質クレーマーは、店内にどれだけ人がいようとかまわず、必要以上に大きな声を出します。スタッフを「お店の営業に支障が出る！」とパニック状態にして、要求を飲むように迫るのです。

相手の作戦を知って、いざというとき動揺しない

そのような相手の心理状態や作戦を理解しているだけで、悪質クレーマーに適切に対応できるようになります。

相手が悪質クレーマーであることがわかったら、パニックに陥らないということを意識しましょう。

悪質クレーマーチェックリスト

- [ ] 明らかに根拠のないクレームを言ってくる
- [ ] 同種のクレームを執拗に繰り返す
- [ ] 多額の金銭的賠償などの経済的負担を求めてくる
- [ ] 店員の生命や身体に害を及ぼす旨の脅迫をする
- [ ] マスコミやネットに書き込むなどお店の信用を失わせる旨の脅迫をする
- [ ] 自分が求める解決方法をお店側が提案するまで文句を言い続ける
- [ ] 明らかに必要のない大声を出している
- [ ] 一見して暴力団とわかるような風体をしている
- [ ] こちらの説明を聞かずに一方的に話をする
- [ ] お店の説明の揚げ足を取ったり些細な発言を大事であるかのように振る舞う
- [ ] すぐにその場で要求に応じるように求めてくる
- [ ] 名前や住所などの連絡先を教えようとしない
- [ ] 「店長(責任者)を出せ」などと上長を呼び出す
- [ ] 毎日お店に来たり電話をするなどしつこい

悪質クレーマーが使いがちなフレーズ

「誠意を見せろ」「ネットに書き込んでやる」「マスコミにばらしてやる」「上司を出せ」「さっき謝罪しただろ」「どうしてくれる」「どう責任をとるのか」「今すぐに対応を決めろ」「一筆書け」「今から行くからな」「ことを大きくする気か」「今なら終わりにしてやる」「謝罪文を持ってこい」

悪質クレーマーの
こんな手口に気をつけよう

03

ありがちな手口を知っておけば怖くない

　悪質クレーマーのなかでも、常習的にクレームを繰り返してお店から金銭賠償を受け取っている人は、以下のような手口を使うことがあります。相手が使う可能性がある手口とその対応策を知っているだけで、かなりの効果があります。右ページとあわせて悪質クレーマーの手口と対策を確認しておきましょう。

①アメとムチの手法

　クレーマーはアメとムチを使ってお店からの要求を引き出そうとする場合があります。たとえば、大声で怒り狂って店員を混乱させた（＝ムチ）後に、「今なら○円で手を打ちましょう」とやさしい態度（＝アメ）に豹変してお金を払わせようとします。その場合「金銭賠償に応じられるかは現段階では決められません」と、即断を避ける回答をしましょう。

②第三者機関への申告

　飲食店であれば保健所というように、そのお店の許可や監督をする団体に申告する、と言って要求に応じさせようとする場合があります。お店としては「申告されると商売を続けられなくなる可能性がある」と不安になるため、それを脅しに使うのです。この場合、脅しに屈しないという姿勢を示すことが重要です。

③揚げ足をとる

　担当者のひと言を取り上げて執拗に攻め立てるという手口です。この場合には、店員の発言前後の経緯を説明し、発言の趣旨が相手の主張とは違うことを明確にします。

悪質クレーマーの手口と対策

❶ アメとムチの手法
内容 大声で叫ぶなどの攻撃の後に
態度を一変させて要求を認めるように仕向ける
対策 即断を避け、対応が可能かどうかの判断は後日にする

❷ 第三者機関への申告
内容 お店が管轄されている第三者機関に
クレームを申告すると脅し、要求を認めるよう仕向ける
対策 「申告は脅威ではない」という素振りを見せる

❸ 揚げ足をとる
内容 「すいません」などの店員のひと言を取り上げて
責任を認めたと迫る
対策 発言の前後の趣旨を明らかにして、発言内容の意味を明確にする

❹ 限定効果
内容 「今なら〇〇円で許してやる」など
期間限定で解決することをちらつかせて要求する
対策 一見すると魅力的な提案であっても、即断せず持ち帰って検討

❺ 他店の対応を示す
内容 「〇〇店ではこうした」など同業他社の解決例を示して要求する
対策 他社の支店や所在地などを確認して裏付けをとる素振りを見せる。
他店と対応が異なることを示し、持ち帰る

❻ 精神的疲労を狙う
内容 毎日来店する、頻繁に電話をするなどして
担当者を精神的に疲れさせ要求を飲ませる
対策 担当者を適宜変更する。警察への相談や法的措置を検討する

04 「法律」と「道徳」の2つの責任を使い分ける

道徳上の責任なら、慰謝料などを払う必要はない

　Part 6でも述べたように、クレームに対するお店側の責任は、「法律」上の責任と「道徳」上の責任の2つあります。

　法律上の責任というのは、お店側のミスでクレームが発生し、それによってお客様に損害が生じた場合、その損害を賠償しなければならないという責任です。

　これに対して道徳上の責任というのは、お金という形で賠償する責任はないけれども謝罪などをすべきである、という意味の責任です。

　たとえば、歩いていて他人と肩がぶつかったとき、道徳的にはひと言謝るべきと言えますが、慰謝料などを払う法的責任はありません。

悪質クレーマーは道徳上の責任を法律上の責任にすり替える

　悪質クレーマーは、こうした道徳上の責任を、巧妙に法律上の責任にすり替えて、金品などの要求をしてくることが多くあります。

　この2つの責任の違いを意識していないと、道徳上の責任に過ぎないにもかかわらず「これは法律上の責任である」と判断し、悪質クレーマーの理不尽な要求に応じてしまうことになります。

　そのため、まず道徳上の責任と法律上の責任の違いがあることを知った上で、いざクレーマーから何かを要求された時には「これは道徳上の責任か？　それとも法律上の責任か？」ということを自問するようにしてください。

　「これは法律上の責任ではない」という判断に至った場合には、道徳上の責任については謝罪し、法律上の責任については拒否する回答をしましょう。回答については右ページの例を参考にしてください。

「法律」と「道徳」の責任を使い分ける

クレーム例　「なんだこの店は！　客に髪の毛が入ったラーメンを食べさせるのか！　責任者は誰だ！　髪の毛入りのラーメンを食べて体調が悪くなった治療費と慰謝料で100万円払え!!」

調査の結果、原因は不明

⬇

道徳上の責任
- 飲食店が提供したラーメンに髪の毛が混入しているというのは問題。原因が不明であるにせよ、混入した可能性があるのなら謝罪はすべき

⬇

法律上の責任
- 仮に髪の毛が入っていたとしても、原因が不明である以上、お店の責任であると断定はできない
- 万が一お店の過失で髪の毛が混入したとしても、健康被害が必ず出るわけではない
- 健康被害が出たとしても100万円の賠償というのはあまりにも高額である
- よって法的責任はない

⬇

法的責任と道義上の責任を意識した回答
「ご不快な思いをさせました点についてはお詫び申し上げますが、お客様のご意向に沿う対応はいたしかねます」
「お時間やお手間をとらせまして申し訳ありませんが、賠償のご希望については弁護士に確認の上ご回答いたします」

05 「毅然とした対処」は冷たく対応することではない

不当な要求を断る際も、必要以上に冷淡にする必要はない

　悪質クレーマーにどのように対処すればいいか？　という問題に対して、「毅然とした対処をすればいい」と言われることがありますが、これは正しいのでしょうか？

　そもそも「毅然とした」が何を指すのか、具体的にわかりませんので、この言い方ではどのように対処すればいいかわかりません。

　そのため、「毅然とした対処」とは、クレーマーに対して冷たい態度で淡々と事務的に対応すること、と勘違いしている人が多いように思います。

悪質クレーマーであっても基本ステップに沿って対応する

　しかし、言うまでもなく、冷たく淡々とした態度を続けていたのではうまくいきません。それどころか、相手を悪質クレーマーだと決めつけてこのような態度をとってしまうと、普通にクレームを申し出るお客様をも悪質クレーマーにしてしまいます。

　なぜなら、冷たく淡々とした対応をすることで、クレーム対応の基本である、初期謝罪をする、相手の話を聴く、丁寧な事実調査をするなどの各過程が省かれてしまうからです。

　悪質クレーマーであっても、話を聴いて相手に共感する姿勢を示しながら対応するという基本に変わりはありません。

　もちろん相手の不当な要求に対しては、きっぱりと要求を拒否する必要があります。しかしその際も、必要以上に冷淡に切り捨てるような言い方をする必要はありません。ゆっくりと丁寧に「拒否する」ことを伝えればいいだけです。

「悪質クレーマーへの毅然とした対応」のNG例・OK例

NG!

- 相手の話を真剣に聞かないで途中で遮る
- こちらから一方的に説明をする
- 相手の目を見ない
- 抑揚のない言葉で機械的に話す
- 交渉ややりとりを一方的に打ち切る
- 紋切り型のセリフしか言わない
- 敵意をあらわにした表情で話す

> これ以上言うなら警察を呼びますよ

> ダメと言ったらダメです。しつこいですね

GOOD!

- 相手に共感していることを示す
- 相手の立場を理解していることを示す
- ゆっくりと丁寧な言葉で話す
- 根気よく繰り返しお断りする旨を伝える
- 丁寧なお断りの表現を使う

> お気持ちは理解いたしますが、そのような対応はいたしかねます

> ご期待どおりの回答とはならず心苦しいのですが……

> 精一杯検討いたしましたが、やはりできかねます

06 「上司を出せ！」にどう対応するか

杓子定規に突っぱねるのも、すぐに交代するのもNG

　クレーム対応をしていると、「お前じゃ話にならない！　上司を出せ！　責任者を出せ！」と言われることがありますが、どのような対応が一番よいのでしょうか。

　もっともしてはならないのは、「私が本件の担当者としてお客様とお話しさせていただいておりますので、上司ではなく私とお話しください」というものです。とても杓子定規な対応ですし、お客様の要求を頭から否定しているため、お客様の怒りを買うことにもなりかねません。

　次にやってはならないのが、「わかりました」と言ってすぐに上司に代わってしまうことです。相手は満足するかもしれませんが、それまでの経緯を説明せずに上司と交代すれば、上司がスムーズにやりとりすることができません。さらには、「あまりに無責任な担当者だった」という印象をお客様に与えてしまいます。

「上司を出せ！」の裏にある真意に応える

　「上司を出せ！」という言葉の裏にあるお客様の真意は、「もう一度、対応方法をよく検討してほしい」というものか、「決裁権のある人と話をして早く解決したい」というもののいずれかです。

　この２つの要望を満たすには、「了解いたしました。それでは、私からこれまでの経緯などを上司に説明し検討した上、再度ご連絡いたします」という回答がもっとも適切で、お客様に満足いただける結果となるでしょう。

　その後は、言葉どおり上司へ経緯を報告し、対応を検討します。その結果、明らかに自分の権限を超えていたり、お客様の怒りが激しく、自分では解決の見込みがないときには上司に代わるのがよいでしょう。

「上司を出せ！」と言われた場合の対応

NG! 上司への取次をかたくなに拒否する

> 本件の担当は私ですので、上司に取り次ぐことはできません

> 私が会社の代表としてお話をさせていただいております

- お客様の要望を正面から否定することになる
- 杓子定規な印象を与える

NG! あっさりと上司に代わる

> それでは今から店長に代わります

- 上司が急遽対応することになり、引き継ぎ不十分で対応ミスが起こる可能性がある
- 無責任な担当者であったという印象を与える
- 上司からも「責任感がない」という印象を持たれてしまう

GOOD!

> 了解いたしました。それでは担当の私から一度上司に話をさせていただきます。その結果をすみやかにご連絡させていただきます

- 「上司を出せ」というお客様は
  ①もう一度お店や会社で対応を検討してほしい
  ②決裁権を持つものと話をして早く解決したい
  と思っている。2つを一度に解決する回答

07 警察に連絡するタイミング

通報する段階ではないが身の危険を感じるなら、「事前相談」しておく

　悪質クレーマーがクレームと共に暴力を振るってきたり、「殺すぞ」などの明らかな脅迫発言をした場合には、身の安全を守るためにも、すぐに警察に連絡すべきです。

　一方で、そこまで明らかな違法行為はないものの、身の危険を感じるような場合、どのように対応すればいいのでしょうか。

　もちろん警察に通報するという方法もありますが、警察は通常何件もの事件や相談を抱えているので、よほど緊急性がない限り、すぐに現場に駆けつけてくれるわけではありません。

　そのようなときは、警察署が比較的余裕のある日中の時間帯に、警察へ「相談」に行きましょう。生活安全課などの部署で相談に乗ってくれます。

　事前に相談しておくことのメリットは3つあります。

警察に事前相談しておくことの3つのメリット

　1つ目は、事前に警察に話をしておくことによって、警察担当者が事件を把握しやすくなり、いざという時に動いてくれやすいという点です。

　2つ目は、クレーマーに対する牽制になるという点です。クレーマーから再び不当な要求を受けた時に「現在、警察に相談中です」と伝えれば、悪質クレーマーは表面上なんでもないふりを装っていたとしても、内心は動揺しているはずです。

　3つ目は、クレーム担当者の精神的ストレスが軽減される点です。この点も見逃せません。

警察に事前相談する際の注意点

今現在、身の危険が迫っているか？

YES ↓

すぐに110番通報
※躊躇しないこと、発言内容を記録しておくこと

NO ↓

警察に相談する

- 違法行為があった場合、被害届を提出するか事前相談をしておくと受理されやすい
- 相談先は生活安全課や地域課
- 経緯や出来事を書面にしておくと伝えやすい
- 担当してくれた警察官の名前を必ず控える
- 場合によっては警察から直接クレーマーに電話してくれる可能性もあるので、電話番号がわかっていれば持参する
- 常習クレーマーには「警察に相談している」ことを伝える

○ いざ問題が起きて警察を呼ぶ時には「○○さんに以前から相談している」旨を伝える
○ 被害届などを提出した場合には、万が一、仕返しがあることを考えて1人で帰宅しない

08 話がついたら書面に残す

特に「清算条項」を入れることが重要

　通常のクレームなら、解決した際にわざわざ書面を取り交わす必要はありません。

　しかし悪質クレーマーに対しては、可能な限り、クレームが解決した時点で書面を取り交わすようにしましょう。なぜなら、そういった悪質クレーマーは、一度話が終わっても難癖をつけて同じ話を蒸し返してくる可能性が高いからです。

　右ページに、取り交わすべき書面のサンプルを載せていますので参考にしてください。重要なポイントは次のとおりです。

①5W1Hでクレームの内容を特定する

　いつどこで、どのように発生したクレームについて書面を取り交わすのか、それを明らかにします。特定していないと、後から「この件に関する書面だとは思わなかった」などと言われて、話を蒸し返されてしまいます。

②解決方法の内容を記載する

　「代金を本日返金しました」「商品の注文をキャンセルしました」など、具体的にどのように解決をしたのかを書きます。

③清算条項を入れる

　これが一番重要です。清算条項とは、「お互いにもうこれ以上請求したり、請求されたりするものは何もありません」ということを確認するものです。これがあれば、後々その件で相手が文句を言ったり裁判をすることはできなくなります。

悪質クレーマーと取り交わす書面のサンプル

> 「確認書」「合意書」「和解書」「示談書」など、文書の名前はなんでもよい。「確認書」が一番仰々しさがなく、取り交わしやすい

確認書

1　私は、〇〇株式会社〇〇店において、〇〇時〇〇分頃お店が提供した〇〇定食に虫が混入した件について、以下のとおり確認します。

> クレーム内容を特定する。できる限り細かく漏れがないように

2　私は、本件についてお店から迷惑料その他一切の賠償として金5000円を本日貰い受け受領しました。

> 支払い名目は「迷惑料」「慰謝料」その他なんでもいいが「一切の賠償として」という文言が大切

> お金などを渡した場合には、渡した事実と相手が受け取った事実を必ず記載する。入れないと「受け取っていない」と言われる可能性がある

3　私は、本書面に定める他〇〇株式会社および店員〇〇との間で一切の債権債務がないことを確認します。

> 清算条項を必ず入れる

> 店員個人の名前も入れたほうが後のトラブルを回避できる

09 悪質クレーマーには必ず複数名で対応する

クレーマーの攻撃対象を分散させて勢力を削ぐ

　一般的なクレームならともかく、悪質クレーマーに対しては、単独で対処してはいけません。かならず複数名で対処するようにしましょう。

単独対応には多くのデメリットがある

　単独で対処するときのデメリットはたくさんあります。
　まず、単独で処理するとなると、どうしても精神的ストレスが1人に集中し、精神疾患を患ってしまう事態にもなりかねません。
　さらに1人で対応すると、客観的な立場からやりとりを記録することが難しくなります。そのため、クレーマーとの話し合いが水掛け論となって、スムーズに解決しにくくなります。

複数名で対応すれば、クレーマーの勢いを削ぐことができる

　これに対して、複数で対処することには相当なメリットがあります。まず、複数で対処することによってクレーマーの攻撃対象が分散されることになります。悪質クレーマーは担当者を狙い定めて脅し、目的を遂げようとするものなので、対象が複数に分かれるだけでクレーマーの勢いを削ぐことが可能になります。
　複数名で対処すれば、緊急事態が発生した場合に切り抜けやすくなるのもメリットです。たとえば、クレーマーの指定する場所に行ったところ監禁されそうになったとしても、複数名いれば、誰かが逃げ出して通報するのも容易になります。
　また、複数いれば誰かを見張り役にして外部との連絡がとりやすい状況をつくっておくこともできるでしょう。

単独対応のデメリット・複数対応のメリット

単独で対応するデメリット

担当者のストレスが増す

○ 攻撃が集中するため、精神を病む可能性もある

「言った」「言わない」の不毛な話になりがち

○ 客観的な立場の存在がいないため不毛な議論になる

証拠をとりづらい

攻撃対象が限定される

担当者が1人で抱えこんでしまう

○ 担当者が思い悩んだ末に間違った決定をしやすい、悪質クレーマーの要求に応じてしまう

複数名で対応するメリット

ストレスが軽減される

○ 攻撃が分散する、役割分担できるため

証拠を確保しやすくなる

○ 隣でメモをとる、録音するなどの分業が簡単にできるようになる

適切な対応策を練ることができる

○ 多数の視点が入ることで、担当者の間違った判断を是正しやすくなる

非常事態に対処しやすくなる

○ 暴力行為や監禁行為があった場合でも、すぐに外部との連絡をとることができるようになる

Column ❽

仮処分という
クレーム対応の法的手段

　弁護士が用いるクレーム対応術に「仮処分」という方法があります。聞き慣れない言葉だと思いますが、仮処分とは、裁判所に対して相手方の一定の行為を禁止するように求め、裁判所がこれに応じて相手方に行為の禁止を命じるという手続きです。

　たとえば、理不尽なクレーム電話を毎日数十回もかけてくるクレーム客に対し、裁判所が「あなたは、お店に電話をかけてはいけない」という命令を下すということです。

　このように裁判所という公的機関が禁止行為を命じることで、理不尽なクレーム行為を封じることができます。また、裁判所がたとえば「お店に電話をするな、電話をしたら1日●万円のお金を払え」というように、制裁金を課すことができます。これにより、クレーム客の問題行為を止めることができるのです。

　実際、とある医療機関において、理不尽なクレーム要求をする患者に対し、裁判所が仮処分を決定したことがありました。

　大声を出して医療スタッフを威嚇したり、他の患者に聞こえるように「患者にやけどを負わせた」「おむつを交換していない」などの誹謗中傷を繰り返していた入院患者家族に対し、裁判所が「医療機関の治療行為を妨害するような行為をしないように」という仮処分を行なったのです。

　仮処分は、相手方となるお客様に一定の行為を禁止するという強い効果を持つクレーム対応手段です。そのため、裁判所でも簡単に認められるわけではなく、クレーム行為によって問題や損害が生じている状況をきちんと証拠とした上で、裁判所に認めてもらう必要があります。

　このように、クレームが仮処分に至る可能性があることを踏まえて、クレーム対応初期の段階から記録をきちんと証拠として残しておくことが重要です。

クレームを越えて
お客様と信頼関係を
築く方法

Part 9

01 クレームを申し出るお客様とは信頼関係を築きやすい

上手に対応できれば、クレームは一気に信頼に変わる

　クレームを申し出るお客様は、一見すると、トラブルを起こす嫌なお客様というイメージがありますが、それは本当でしょうか？
　実はそうではなく、クレームを言うお客様こそ、信頼関係を築きやすいお客様なのです。

クレームにうまく対応すれば、逆方向の「信頼」に針が振れる

　振り子にたとえて考えるとわかりやすいでしょう。
　クレームと信頼関係は、いわば振り子の左右の到達点と言えます。
　クレームを言うお客様は、クレームという方向に目一杯針が振れている状態にあります。振り子は必ず片方に動いたのと同じだけ反対方向に振れるので、ここでうまく対処できると、針は逆の方向である「信頼」に一気に進んでいくのです。
　となると、クレームのない状態は、針が真ん中で止まっているのと同じ状態です。クレームを受けることはありませんが、お店と深く関わり合うこともなく、信頼関係を築くチャンスもありません。

信頼関係を築ければ、優良顧客になってもらえる

　では、お客様と信頼関係を構築することには、どのようなメリットがあるのでしょうか。
　なんと言っても、信頼関係があればクレームが早期に解決するだけでなく、その後末永くおつき合いできる優良顧客になってもらえることがメリットです。
　この章では、これまで説明してきたクレーム対応法にプラスアルファして、お客様と深く信頼関係を築く方法を解説していきます。

クレームと信頼関係は振り子の関係

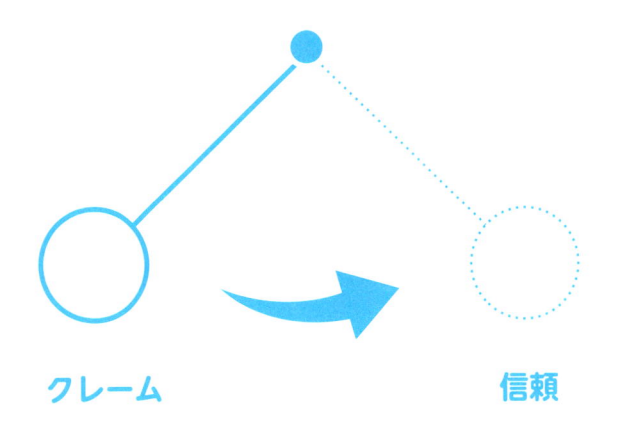

※クレーム側に針が振れなければ、針は信頼のところへいけない
※針が中央で止まったままなのは、クレームも信頼もない状態

お客様と信頼関係を構築するメリット

- クレームが早期に解決する
- 何度も購入してくれる優良顧客になる
- 他のお客様にお店の口コミをしてくれる

02 期待を上回る対応で信頼を築く

お客様が無意識のうちに設定している基準を上回る

　お客様から信頼を得る方法としてまずお勧めしたいのは、相手の期待を上回る対応をするということです。人は、相手に何かを求めるとき、無意識に「ここまではしてくれるだろう」という基準を設定します。その基準を上回る対応をしてもらえたとき、人はその相手に対して大変な感謝をすると共に、相手を信頼するようになるのです。

私が自転車屋さんで受けた、期待を上回る対応

　たとえば私が最近経験したことですが、自転車に乗ろうとしたら空気が抜けていました。パンクを疑って自転車屋さんに行くと、タイヤの空気入れ部分のゴム蓋が劣化していることがわかったので、それを交換してもらいました。修理代はいくらかと尋ねると、「小さな部品なので無料でいい」と答えるのです。

　私としては、「小さい部品だけど数百円くらいはかかるかな」と考えていたので、それを上回る「無料」という対応に感謝し、一気にその自転車屋さんを信頼にするようになったのです。

　私のケースはクレーム事例ではありませんが、クレーム対応の場面もこれと同じで、相手の期待を上回る対応をすると、相手と信頼関係を構築することができるのです。

　具体的な手順は右ページのとおりで、最初に相手の期待がどの程度かを把握します。次に、少しだけその期待を下げることができないかを考えてみます。これは期待を上回るという成果を上げやすくするためのちょっとしたテクニックです。そして最後に期待を上回る対応をして、お客様から信頼を勝ち取るのです。

相手の期待を上回る対応をする

クレーム例 購入したエアコンが夏場の暑い時期にいきなり壊れてしまった。どういうことだ!!

ステップ①　相手の期待を把握する

対話から、相手がどのような対応を想定しているのか引き出す。

「まいったよ、突然壊れてしまって。どういうことだよ」

「お客様、保証期限はいつまでとなっているでしょうか」

「ちょっと待って。あれ、1週間ほど過ぎてるよ。でもうちは普通に使ってただけだよ。無料で修理してくれるでしょ」

◯ お客様は無料で修理してくれることを期待している

ステップ②　相手の期待を少し下げる

「さようですか……誠に申し訳ないのですが、やはり保証期間を過ぎているとなると、無料での修理は難しいと思われます」

「えー、たった1週間でしょ」

◯ 保証期間を過ぎている以上、無償の修理はできないことを匂わせる

ステップ③　期待を上回る対応をする

「わかりました、上と掛け合ってみます。―――なんとか了解とれました！　お暑くて大変でしょうから、今すぐ修理にお伺いします」

「えっ、無料でいいの？　しかも修理に来てくれるんだ！　ありがとう。今度家電製品が必要になったら、またおたくで買うようにするよ!!」

◯ お客様の期待を上回る対応策をご提案して信頼を得る

03 "最後のプラスアルファ"でお客様の信頼を得る

最後の印象がよければ、好印象が続く

　次にお勧めしたい方法は、"最後のプラスアルファ"でお客様の信頼を得る方法です。それは、人は最後の印象をそのまま持ち続けるという人間心理を利用した方法です。

　たとえば、会社の上司が部下のよい点と悪い点を一緒に指摘するとき、悪い点を最後に言うと、部下は「自分が怒られた」と強く感じるようになります。逆に、悪い点を指摘した後によい点を指摘すると、部下としては「注意もされたけど褒めてもらっている」という印象を抱きます。言っている内容は同じなのに、どちらを先に言うかで印象がまったく違ってしまうのです。

　クレーム対応の場面にもこれを応用します。クレームが発生して解決したとき、お客様としては、問題は解決したとは言え、お店に対しては比較的マイナスのイメージを持っていることが多いでしょう。そこで最後に何かプラスアルファを加えることで、最終的によいイメージをお客様に持ってもらい、その後もよいイメージを持ったままでいてもらうのです。

プラスアルファは、交通費などちょっとしたものでかまわない

　最後のプラスアルファは、負担が少ないものでかまいません。たとえば、クレームを言うためにお店まで電車で来られたお客様に、「本日のお詫びとして、交通費を負担させていただきます」とお伝えし、交通費をお支払いします。するとお客様としては、お店がしっかりとした配慮を見せてくれたという印象を持つことになります。この印象がその後も続いて、それがお店への信頼へと変わっていくのです。

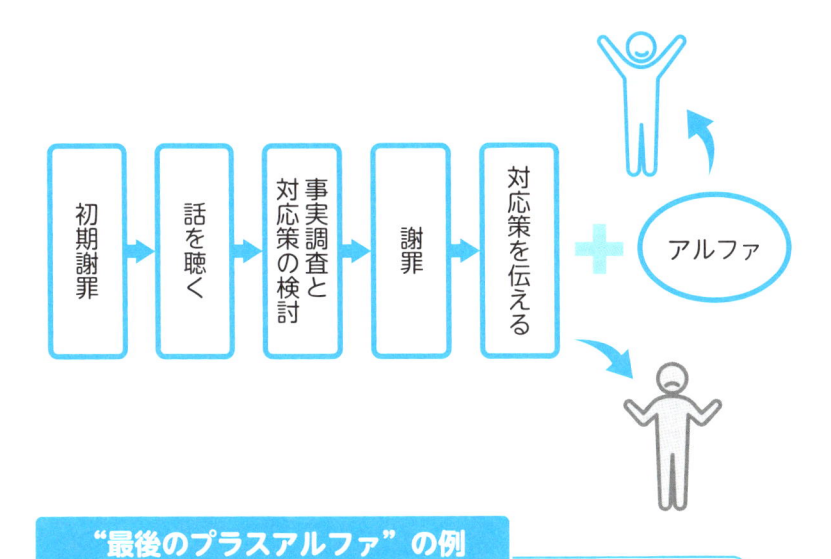

"最後のプラスアルファ"で、最終的によいイメージを持ってもらう

初期謝罪 → 話を聴く → 事実調査と対応策の検討 → 謝罪 → 対応策を伝える ＋ アルファ

"最後のプラスアルファ"の例

- 交通費を負担する
- 自社製品をプレゼント
- 次回以降に使える割引券
- ポイントサービスなど

○ 負担が大きいことをする必要はない
○ 小さな負担で大きな効果
　（＝お客様の信頼）が得られるのがメリット

CHECK! お客様はプラスアルファの内容そのものより
「お店がそこまで自分のために考えてくれた」
ということが嬉しい

04 手書きの手紙がお客様の心をつかむ

こちらからの積極的な働きかけが信頼をつくる

　お客様の信頼は、こちらが何もせずに得られるものではありません。クレームがあったから対応して終わり、という受け身の姿勢では、信頼を得ることはできないのです。信頼とは、こちらから何かを働きかけて、それに対するお礼やお返しとして得られるものであると認識してください。

字が汚くても丁寧に書く

　お客様の信頼を得られる有効な働きかけとしてお勧めしたいのが、「手書きの手紙」です。ポイントはなんといっても「手書き」という点。間違ってもパソコンのワープロソフトで打った手紙ではいけません。

　手書きの手紙というと、「私は字が汚いからとんでもない」などと言う人は多いかと思います。ところがそれは間違いです。むしろ字が汚い人ほど、より味のある手紙になって、相手の心に響くのです。

　ポイントは、字が汚くてもいいから丁寧に書くこと。汚くても丁寧に書かれた字を見ると、多くの人は「この人は、一生懸命私のことを思って手紙を書いてくれたのだ」と感じます。

手書きなら何度も読んでもらえる

　また、手紙のいいところは、何回も読み返されるということです。人はメールや印刷物は一度しか目を通しませんが、手書きの文字についてはなぜか何度も何度も読み返してしまうものです。

　何度も読み返すことにより、お客様は書かれた言葉を頭のなかで読み上げ、頭のなかで聞くことになります。繰り返し聞くことで手紙の内容が伝わって、それが信頼へとつながっていくのです。

手書きの手紙のサンプル

〇〇　様

このたびは、不快な思いをさせてしまい誠に申し訳ありませんでした。このたびの件については、従業員一同の品質管理に関する甘えが起こしてしまった出来事でした。

もともとご指摘の製品の管理につきましては、・・・として・・・としていたものの、今回のご指摘を受けて、・・・・という管理方法を見直し、新たに・・・・が・・・・とする方法に変更いたしました。

〇〇様のご指摘のお陰で当店スタッフの品質に対する考えを改めることができました。本当にありがとうございます。

今後、スタッフ一同全力で、お客様から愛されるお店をつくっていく所存でございます。

そして再び〇〇様の信頼を得られるお店にしていこうと思います。

〇〇様におかれましては、何卒当店を見守っていただき、いつの日か再びご来店されますことを従業員一同心から願っております。

　　　　　　　　　　　　　〇〇店　　店長　〇〇　〇〇

> Part 9　クレームを越えて お客様と信頼関係を築く方法

CHECK! デジタルの時代にあえて丁寧に手で書くことで、誠意が伝わりやすくなる

173

05 最後のひと言が お客様の心をつかむ

信頼感がグッと増す2つのフレーズ

「"最後のプラスアルファ"でお客様の信頼を得る」（170ページ）の派生的な方法として、お客様の心をつかみ信頼を築くひと言があります。それは「感謝の言葉」と「またご連絡ください」という言葉です。

それぞれご説明します。

感謝することで、クレームが"意味ある行為"になる

「感謝の言葉」とは、クレーム対応が終わった後に、「今回はご指摘くださりありがとうございます」と言葉にして伝えることです。とても簡単なことですが、驚くほど効果があります。その理由は、クレームに対して感謝を伝えることで、お客様に「私のクレームはお店にとって意味があるものだったのだ」と思ってもらえるからです。

お客様は自己肯定感を満たしてくれたお店に好感を持ち、それがお店に対する信頼につながっていきます。

「またご連絡ください」で逃げない姿勢を伝える

次に「またご連絡ください」という言葉ですが、これもお客様の自己肯定感を満たします。

「私は逃げずに何度でもお客様からのクレームに対応させていただきます」という姿勢を示すことで、お客様が「自分はお店から大切にされている」という思いを抱くのです。

お客様がクレーム対応でもっとも嫌がる行為は、お店の人間が逃げることですが、このひと言で、「決して逃げない」という思いを伝えることができ、お客様の信頼を得ることができるのです。

信頼感が増すフレーズ例

①感謝の言葉

このたびは貴重なご意見をいただきありがとうございました

今回ご指摘のあった件は今後の社内での課題とさせていただきます。本当にありがとうございました

お客様のご指摘がなければ同じことを繰り返しておりました。本当に感謝しております

ご指摘を受け、これまでの・・・という対応を・・・という対応方法に変更させていただきました。〇〇様のご指摘のおかげで、よりよいサービスをお客様に提供することができるようになりました。誠にありがとうございます

- お客様の自己肯定感を満たす
- 自分の声が役に立ったと思っていただける
- お客様の面子を立てることができる

②またご連絡ください

再度問題がありましたら担当〇〇までご連絡ください

私〇〇が責任をもって対応いたしますので、すぐにご連絡ください

いつでもご相談にのりますので、お気兼ねなくご連絡ください

- この担当者は逃げない、という認識をお客様に持ってもらう
- お客様に「自分は大切に対応されている」という気持ちを持っていただく
- 責任者が明確になるため再度連絡が取りやすくなる

06 時には採算を度外視する

一見するとムダな対応でも、リピーターや紹介につながることがある

クレーム対応では損して得取れ

　ビジネスをしていく上では、コスト意識が重要です。コストを無視してビジネス上の判断はできませんし、中小企業でも大企業でも、経営をしていく上でコストを考えなければ、いずれビジネスは行き詰まってしまうでしょう。たとえば、売上が上がることが見込まれていたとしても、その予想売上を上回る額の広告費を使っていたのでは、なんの意味もありません。

　通常はそうですが、クレーム対応の現場では、ときに採算を度外視するという選択もあり得るところです。コストだけを考えれば絶対にとり得ない手であっても、結果としてお客様の信頼を得ることができれば、目の前のコスト以上の結果が得られることがあるからです。

　よく「損して得を取れ」と言いますが、クレーム対応の場面ではそれが当てはまることが多いのです。

リピートや紹介につながる対応なら、実行する価値がある

　お客様がファンになってくれれば、そのお客様はまたあなたのお店で商品を買ってくれます。その時、値段はあまり関係ありません。他に同じ商品を安く売っている店があっても、あなたのお店で買うでしょう。

　また、ファンになってくれたお客様は、必ず別のお客様を連れてきてくれます。その人もリピーターになってくれることを考えると、目の前の行為がコストに見合わなくても、長い目で見れば、十分に採算がとれることになります。

　一見すると採算度外視の対応であっても、実行する価値があるのです。

目先のコストだけを見てはいけない

クレーム例：（クリスマス当日の洋菓子店）先ほどそちらでケーキとローソクを買ったんだけどローソクが入ってないよ！これじゃパーティーができないよ‼

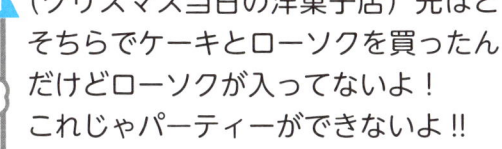

⬇

調査の結果、入れ忘れていたことが発覚

⬇

コストを考えた場合
- 1年で一番のかきいれどきに、お客様の自宅に届けに行くことで人手が減るのは大ダメージ
- お客様のご自宅が大変遠く、タクシー代もかかる
- 人手がなくなって他店にお客様が流れる可能性
- 高い時給を出してアルバイトを採用しており損失大
- お客様が怒ったとしても、金銭的な損害はない
- 後日返金すれば大丈夫

コストを度外視した場合
- 寒空の中、タクシーなどを使って遠方のお客様のご自宅までお届けする
- 「ここまでしてくれたのか！」という感動から、お店のファンになってくれる
- リピート購入や知人への紹介が見込まれ、長い目で見ればお店にとってプラス

07 「素早さ」は誰にでもできる信頼獲得法

簡単なことでも、徹底できる人は多くない

　さまざまなクレームと、うまく解決できた対応方法を見ていくと、「素早い対応」が１つのキーワードとして浮かび上がってきます。

誰にでもできるけれど難しいから価値がある

　お客様のクレームを解決し、信頼を得るために、「素早い対応」はとても有効な手段であるといえます。通常お客様は、自分が申告したクレームについては１秒でも早く解決してほしいと思っています。それと同時に、多くのお客様を相手にしているお店では、なかなか「素早い対応」が難しいことも認識しています。

　だからこそ、「素早い対応」が大きな価値をもってくるのです。

　素早い対応は、特に高度な知識や準備が必要になるものではありません。やる気になれば、誰でも素早い対応をすることはできるからこそ、「素早い対応」という武器は最大限に使ったほうがいいのです。

調査に時間がかかるなら、一報を入れる

　「素早い対応」が重要であるとしても、早いだけのお粗末な対応では話になりません。「素早い対応」は必ずしも、完璧な答えを素早く出すことを意味しません。それよりも、クレームを受けてから、お客様に対応や連絡をしない期間が長期化することに問題があります。

　しばらく調査に時間がかかるようであれば、その旨を一報入れればいいのです。また、素早い対応のためには、必ずしも電話や面談だけで連絡する必要はありません。ファックスやメールであれば、相手が不在でも、「素早く対応した」という事実を残すことができます。

「素早い対応」はお客様からの信頼を得るための重要な要素

大原則 素早い対応 ≠ 早くてお粗末な対応

事実調査や確認に時間がかかる場合には？

- 現在調査しております
- ただいま、〇〇ということをしております

など現在の状況を連絡しておく

「素早い対応」を実現する手段

- 電話をかける
- ファックスを送る
- メールを送る
- ご家族などに連絡した旨を伝えてもらう
- 留守番電話に必ず吹き込む

08 お客様自身が気づいていない心情を指摘する

お客様は、実は自分の感情がわかっていない

　クレーム対応において、お客様の心情を理解し、共感することが重要であることは、これまで繰り返し説明してきました。この基本から一歩踏み込んでお客様の信頼を得る方法があります。

　それは、お客様自身も気がついてない心情を読み取って、それを言葉で表現するという方法です。

「そうそう、それが言いたかった！」が信頼につながる

　人は、怒りや悲しみといった自分の感情について、よくわかっているつもりでいて、実際には、自分が何に対して怒ったり不満に思っているか、わからないことが多いのです。そのため、クレームに対応するなかで、お客様の心情を的確に指摘すると、お客様は「そうそう！　それが言いたかったんだよ！　よくわかってるじゃないか」となり、一気に信頼を得ることができます。

　たとえば、家族旅行で泊まった旅館で、禁煙の部屋をお願いしていたのに喫煙の部屋が用意されていたら、直接のクレームは「なぜ事前に希望していた部屋が用意されていないのか」というものでしょう。

　しかしお客様の真意は、「自分が客として丁重に扱われておらず、それが不快で旅館での時間を楽しく過ごせないこと」が一番の不満かもしれません。その場合、「当旅館で楽しく過ごされる時間を、私どもの不手際で不快な思いをさせてしまいました」とひと言言うのです。

　お客様は「自分のことをよく理解してくれている」と感じ、お店に信頼を寄せるようになるでしょう。

お客様自身が気づいていない心情を指摘する

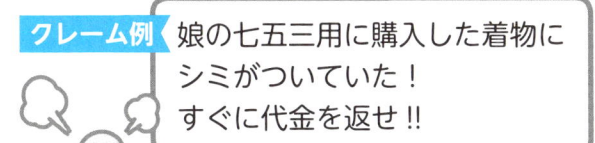

クレーム例　娘の七五三用に購入した着物にシミがついていた！すぐに代金を返せ‼

↓

お客様が本当に怒っているのは、一生に一度の娘の晴れ舞台が洋服のシミで台なしになってしまったこと

↓

大切な七五三用のお着物に傷があり、
お嬢様の晴れの舞台を祝ってあげたいという
お客様のお気持ちを台なしにしてしまい、
誠に申し訳ありませんでした

○「娘の晴れ舞台を祝いたかったのに台なしにされた」
　というお客様の心情を指摘する

クレーム例　誕生日用ケーキのネームプレートの名前が間違っていた！どういうことだ！

↓

ご家族のお誕生日という特別な時間を
台なしにする結果となってしまい、
深くお詫び申し上げます

09 繰り返しの謝罪がお客様の信頼を得る

対面、電話、メール、ファックス、手紙――いろんな手段を駆使しよう

「すみません」と何度も言うのは逆効果

　クレームを解決するためには、謝罪はとても重要な要素ですが、お客様の信頼を得るためにこの「謝罪」を多数回繰り返すという方法があります。

　かといって、「すみません」とか「申し訳ありません」という言葉を何回も言えばいいというわけではありません。謝罪言葉を乱発してしまうと、かえって言葉の重みがなくなってしまい、「本当に反省しているのか」という疑問をお客様に抱かせることになります。

　そうではなく、繰り返しの謝罪とは、時間と伝達方法を変えた上で何度も謝罪をするということです。

伝達方法を変えて、何度も謝罪する

　たとえば、電話でお客様のクレームを受けた場合には、まずその電話で（あるいはこちらからかけ直した電話で）謝罪をします。

　その後、あらためてお客様と対面し、口頭で謝罪の言葉を伝えます。そして面談終了後、メールやファックスで、ご足労いただいたお礼を述べるとともに謝罪をするのです。さらに、お客様の住所がわかっているのなら、謝罪の手紙を送るといいでしょう。

　これで、電話、対面、メール・ファックス、手紙という4つの伝達方法で繰り返し謝意を伝えたことになります。

　人は繰り返し言われたことには無意識のうちに同調してしまうものなので、伝達方法を変えて繰り返し伝えることによって、お客様の信頼を得られるのです。

やってはいけない過剰な謝罪とは

申し訳ありません

すみません

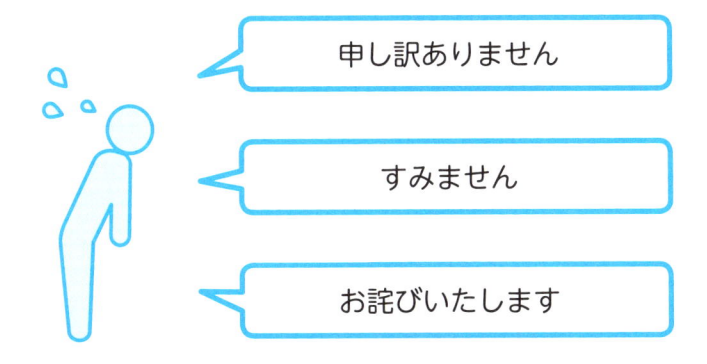

お詫びいたします

同じことを繰り返しているだけなので、かえって不誠実な印象を与える

時間・伝達方法を変えて「繰り返しの謝罪」をする

① クレームを受けた電話で謝罪する

② 面談の予定をとりつけ、面談の場で口頭による謝罪をする

③ 面談終了直後、「面談ありがとうございました」という旨のファックスやメールで謝罪もする

④ 面談後1週間をめどに手紙を送付して謝罪をする

○ 本当に反省しているということが伝わり、「信頼」が得られる

Part 9 クレームを越えてお客様と信頼関係を築く方法

Column ❾

お客様の主張が理不尽であることを認めてもらう
「債務不存在確認訴訟」

　弁護士が用いるクレーム対応手段として、債務不存在確認訴訟という手段もあります。あまり頻繁に用いる手法ではありませんが、お客様が理由なくお店や会社に対して金銭的な要求を継続するような場合に、対応策として用いる手段です。

　債務不存在確認訴訟と書くと、なにやら難しそうなイメージですが、簡単に言うと、「お店がお客様に支払わなければならないお金はない」ということを裁判所に申し出て、裁判所にそのことを認めてもらう手続きのことです。

　通常の裁判は、相手に対して「お金を払え」という形で、『権利が存在すること』を前提に裁判を起こします。これに対して、債務不存在確認訴訟は「払うべきお金はない」という、『権利が存在しないこと』を前提に裁判を起こすことになる点が特殊といえます。

　債務不存在確認訴訟は、悪質なお客様が長期間お店に対して金銭的な請求をしているときに効果的な対応策です。お客様から「慰謝料を払え」と言われて、こちらが「払う義務はない」と言っても、言い分は平行線のままでしょう。

　そのような場合、「権利があると主張する側」、つまりお客様が裁判を起こすのが通常なのですが、お客様によってはいつまでたっても裁判を起こすことなく、嫌がらせのようにダラダラと要求を続けることがあります。そのようなときに、お店の側から「債務が存在しないこと」を求める裁判を起こし、裁判所で白黒をはっきりつけてもらうのです。

　このように債務不存在確認訴訟は効果的な方法ですが、お客様に裁判を起こすわけですから、使える場面はかなり限定されます。実際には、よほど悪質で、もはやお客様として扱うことができない場合に限られるでしょう。

　仮処分と同様、この場合も証拠が重要となりますので、クレーム対応の初期の段階から証拠を残しておくことが重要です。

文書・メール・電話での
クレーム対応のポイント

Part 10

文書による
クレーム対応のポイント

01

口頭での対応とは別の慎重さが求められる

　「回答は文書でくれ」と言われた場合や、経緯説明が込み入っている場合など、お客様からのクレームに文書で回答しなければならないケースがあります。文書で対応するときのポイントはどのような点でしょうか？

文書は残るもの。口頭での説明以上に慎重に作成する

　まず一番気をつけなければならない点は、「文書は将来にわたって残る」という点です。

　もちろん、ここで言いたいことは、口頭で言った内容は記録に残らないので気をつけなくてもいい、ということではありません。口頭で言う場合と同じことをお客様に伝える場合でも、記録に残り続けるという性質上、より注意して文書を作成しなければならないということです。

「細かいニュアンスが伝わりにくい」ことを認識する

　次に、文書による回答は、どうしても対面や電話での対応と異なり、その内容の細かいニュアンスが相手に伝わりません。特にクレームを言うお客様は感情的になっている状態ですから、こちらが意図していない悪い方向に文書の内容を受け取る可能性が高いと言えます。

事務的で冷淡なイメージを与えないよう注意する

　さらに文書の回答で注意しなければならないのは、文書による回答はどうしても「事務的で冷淡なイメージを与えてしまう」という点です。必要なことだけを書くという方針でいると、特に冷淡なイメージを与えてしまいますので、工夫が必要です。

文書による回答で注意する点

将来にわたって残る

- 作成後に必ず複数人で読み返して内容に間違いがないか確認
- 場合によっては法務部や弁護士など法律の専門家からチェックを受ける
- 社内ルールなどを作成しておき二重・三重のチェック体制をつくる

ニュアンスが伝わらない

- 文書を渡す前と後にお客様と接触しフォローする
- クレーム対応に関わっていないスタッフに読んでもらって印象を聞く

事務的で冷淡なイメージを与える

- 送付前後のフォローをしっかりと行なう
- お礼とお詫びを示す文章が含まれているかチェックする
- 季節のあいさつが挿入されているかチェックする
- 文末に相手を気遣う文章が挿入されているかチェックする

02 クレーム対応文書はこのフレームを守れば大丈夫

文書は第三者に読まれる可能性があるため、ささいなミスも許されない

　実際に文書でクレーム対応をする場合、どのような文書を書けばいいのでしょうか？

　文書でクレーム対応をする時には、「文書の型＝フレーム」を守ることを意識してください。

　剣道や柔道など伝統的な武道には、必ず一定の型が存在します。型やフレームというと、いかにも杓子定規で事務的な印象を受けるかもしれませんが、型というのはそれまでの経験から抽出された「必ず守るべき基本」です。その基本を踏まえていなければ、応用もなにもありません。

　クレーム対応における文書にも、まずフレームを守ることが求められます。クレームを言うお客様はただでさえ感情的になっている状態です。そのようなお客様に対して、基本となるフレームすら守られていない文書をお渡ししてしまえば、許してもらえるどころかさらなる怒りすら受けかねません。

フレームに沿って書けば、間違いを機械的に防止できる

　また、文書は、一度ではなく二度も三度も繰り返し読まれます。その過程でささいな間違いも厳しくチェックされます。フレームを守ることのメリットの1つは、文書の間違いを機械的に防止できることにあります。

　文書は、お渡しした相手に繰り返し読まれるだけでなく、不特定の第三者にも見られる可能性が十分にありますから、誰が見ても隙のない文書にするために、汎用的なフレームを用意しておくと有効です。

　右ページのようなフレームが守られているか、文書をお客様に渡す前に確認してください。

クレーム対応文書のサンプル

平成●年●月●日 ← 日付は必ず入れる

○○株式会社 ← 会社名と、役職がある場合はそれも必ず入れる
○○　○○　様 ← 「殿」は格下の相手に使われることもあるので避ける

← 肩書と名前はきちんと揃える
← 社名役職を明記、なるべく上位職がよい

○○株式会社
代表取締役○○

← 住所、連絡先を入れるとさらに丁寧。必ず個人印or職印を押す（責任を明確にするため）

商品発送遅延についてのご連絡

← 表題は大きめのフォントで、内容がひと目でわかる具体的な題名を。「ご連絡」の部分は「ご通知」「ご回答」「ご提案」など、場合によって変更する

拝啓
平素は格別のご愛顧いただき誠にありがとうございます。

← 「前略」は簡易な表現なので使わない。あいさつは必ず入れる

　さて、○○様が本年●月●日、当店に発注されました贈答用ワイングラスセット（商品番号○○○）につきまして、誠に勝手ながらご指定の期日までに発送することができませんでした。

← クレームの原因となった出来事の日時を特定する。商品名も特定する

○○様には大変なご迷惑をおかけしますことを謹んでお詫び申し上げます。
このほど急ぎ発送体制を整え、本年●月●日までには○○様にお届けできる状態となりました。

← 期日を必ず入れる。そしてその期日は絶対に守る

今後このような事態がないよう、当店において商品発送体制の改善に努めていく所存でございます。

← 改善策を入れると、お客様の行動が有意義であったことを示すことができる

略儀ながら書面をもちましてご連絡申し上げます。　　敬具

← 末文も必ず入れる

03 「詫び状を書け」と言われたらどうするか

デメリットもあるので安易に渡さない

　ときには、お客様から「詫び状を持ってこい！」と言われる場合があります。そのような場合、どう対応すべきでしょうか？

　まずは「詫び状」を作成する場合のメリットとデメリットをしっかりと把握しておくべきでしょう。

　「詫び状」を作成することのメリットは、文書という形でお詫びをすることで、口頭で伝えるよりも重く受け止めてもらえる点です。「こちらは重大なことと認識している」と示すことができるので、お客様の納得が得られやすいのです。

　一方で、大きなデメリットもあります。まず、文書という形でお店が非を認めたことが明らかになってしまいます。文書はひとり歩きする性質があり、第三者もその文書を見る可能性が出てきてしまいます。また、詫び状を根拠にして、悪質クレーマーからゆすりやたかりを受ける可能性もあります。

責任の所在がわからないうちは作成しない

　このようなメリット・デメリットを踏まえた上で、詫び状を作成するかどうかを慎重に判断します。まず前提として、責任の所在がわからないうちは絶対に出してはいけません。その後お店に責任がないことがわかっても、取り返しがつかなくなってしまうからです。

　事実調査の結果、お店に責任がないことが判明した場合はもちろんですが、責任がどこにあるのかわからない場合も出してはいけません。

　お店側に責任があることが明らかな場合、お客様が強く求めるようであれば出さざるを得ないでしょう。その場合でも、提出と引き換えにお客様の許しが得られるように話を持っていくようにしましょう。

詫び状サンプル

平成●年●月●日

〇〇　様

製品不良に関するお詫び

〇〇株式会社〇〇支店
支店長　〇〇　印

謹啓
日頃は格別のお引き立てを賜り誠にありがとうございます。

さて、本年●月●日、〇〇様が当店でご購入された製品〇〇について、電源スイッチが作動しないという初期不良がありました。この点、お客様にご不便とご迷惑をおかけし、誠に申し訳ありません。
ここに深くお詫び申し上げます。

> 責任を認める以上、言い訳がましいことをかかない

つきましては、購入代金の返金もしくは新品との交換をさせていただきます。
今後二度とこのような事態が発生することのないよう、当店一同注意してまいりますので、何卒ご容赦ください。

謹白

CHECK！ 簡潔な文書を心がけよう

04 メールでクレーム対応するときのポイント

メール特有のマナーを守ること。電話・対面での接触も考えよう

昨今では、クレームにメールで対応する場面も増えています。以下のポイントに注意しましょう。

CC欄は使わない

まず、送信前に複数名で内容をチェックすることを必ず心がけてください。メールは手紙と違って、クリック1つで簡単に送信できてしまうため、十分に内容を確認せずに送信しがちです。メールも手紙と同様に一度送ってしまえば取り返しがつきませんし、証拠として残ってしまいます。重要なメールは必ず複数の人で確認するクセをつけましょう。

メール特有のマナーを守るという点も大切です。たとえば、CC欄に関係者のメールアドレスを入れて送信すると、お客様のアドレスが関係者に知られてしまうわけですから、お客様は気分を害するでしょう。

また、本文の末尾には署名と言って、連絡先などを記載します。これが欠けているとお客様に雑な印象や不快感を与えてしまいます。

メール以外の方法で接触できないかを考える

さらに、メール以外の方法で接触できないかどうかを考えることも大切です。メールによる連絡では、どうしても細かいニュアンスを伝えることが困難です。できれば、電話や直接対面してお客様と接触することを考えましょう。

ただし、メールで受けたクレームに対して、いきなり電話をするのは控えてください。メールでクレームを伝えるお客様は、電話での対応を避けたいと考えていることが多いからです。まずメールで「電話をしてもよいかどうか」の許可を得る必要があります。

メール対応のポイント

送信前に複数名で文面をチェックする

- メールはクリック1つで送信できるため安易に送信しがち
- 送信したメールは証拠として残ることを忘れない
- 誤字脱字、メールアドレスをチェックする

メール特有のマナーを守る

- 末尾に所属部署、氏名、電話・ファックス番号などの署名を入れる
- CC（同報）を使って同じ内容のメールを関係者に送信しない
- 場合によるが、件名に「RE: ○○」を使用するのは極力避ける

メール以外の接触方法を考える

- メールは誤解を生みやすいので、電話もしくは対面による話し合いの機会がもてないかを考える（お客様がメール以外の接触方法を拒否している場合のみ、メールだけの連絡とする）

読まないことを前提に行動する

- 「メールを読んでいるはず」という思い込みは厳禁
- メール送信後、電話やファックスなど別の連絡方法でメール送信の事実を伝える
- 読んでいるかどうかを確認するための「開封確認機能」は使わない

05 メールによる クレーム対応の作法

メールにもフレームがある。最低限、これは押さえよう

　クレーム対応のメールの書き方については、次のフレームを守るようにしてください。

送信先・件名

　送信先にはお客様のメールアドレスを入力します。少なくとも2回以上、アドレスが間違っていないかを確認しましょう。送信したつもりがアドレスの入力ミスで送られておらず、お客様を無視する結果になることはありがちです。

　件名は、「株式会社○○です」などと抽象的なものではなく、「○月○日ご購入の○○について」などと具体的に書きましょう。

文頭部分

　メール本文欄の左上部分に、お客様の所属会社や氏名などを記載します。お名前を1文字でも間違えると大変失礼にあたります。名前の後には、メール送信者の簡単な自己紹介を記載します。

　日頃から商品をご購入くださっていることに感謝した後に、クレームの原因となる事態が発生したことに対する謝罪をします。

本文・末尾

　本文では、伝えたい内容を簡潔に記載します。一文が長すぎると、とたんにわかりにくくなるので、短めに記載することを心がけましょう。

　末尾には、必ずひと言でも謝罪の言葉を入れます。文頭部分の謝罪を繰り返すことにより、謝罪の意思が伝わりやすくなります。

　そして、最後に署名を入れることを忘れないようにしましょう。

謝罪のメール例

宛先：okyakusama@owbi.co.jp　　〔2回以上チェック〕

CC：　　〔お客様のメールアドレスがわかってしまうので極力使わない〕

BCC：　　〔お客様に知らせずに他の人にメールを送ることができるが、CCと誤操作する可能性があるので極力避ける〕

件名：クリーニングのお届け日遅延の件

　　〔件名はなるべく具体的に。迷惑メールに紛れないようにするため〕

〇〇〇〇　様

　　〔会社などの役職がある場合には記載する。お客様の氏名は絶対に間違えないこと〕

はじめてメールをさせていただきます〇〇クリーニング〇〇店店長の〇〇と申します。

平素より、当店のクリーニングサービスをご利用いただき、誠に感謝しております。

　　〔自己紹介は必ず。「署名があるから不要」という感覚の人もいるが、メールは署名から読むものではないため必要。日頃の利用に対する感謝の言葉を入れること〕

さてこのたびは、クリーニング済衣類のお届け日が遅れる事態が発生してしまい誠に申し訳ありません。

　　〔謝罪を入れる〕

このような事態が発生してしまいましたのは、当社クリーニング工場において不測の機械故障が発生したことが原因でございます。早急に修理に努めておりますが、●月●日にお客様へお届けする予定の衣類に関しましては、どうしてもお約束の期日にお渡しすることができません。
つきましては、今回ご注文いただいた衣類に関してはクリーニング代金を半額とさせていただきます。

　　〔要件は一文を短く端的に〕

二度とこのような事態が発生しないよう努める所存ですので、何卒ご理解ください。重ねてお詫び申し上げます。

　　〔さらなる謝罪〕

```
＊＊＊＊＊＊＊＊＊＊＊＊＊＊＊＊＊
〇〇株式会社〇〇店
店長　〇〇〇〇
〒〇〇〇〇
東京都〇〇区〇〇
TEL　＠＠－＠＠＠＠－＠＠＠＠
FAX　＠＠＠＠＠＠＠＠＠＠
e-mail　xxxxx@yyyyyy.co.jp
＊＊＊＊＊＊＊＊＊＊＊＊＊＊＊＊＊
```

　　〔署名を入れる。連絡先に間違いがないように確認〕

Part 10　文書・メール・電話でのクレーム対応のポイント

SNS 全盛時代の クレーム対応術

06

「情報が瞬時に全国に広まる時代」と認識しておく

企業の不手際が一気に国中に広まる

　数年前、アメリカで起きた出来事をご存じでしょうか。とあるミュージシャンが、空港での手荒い荷物取り扱いが原因で、愛用のギターを壊されてしまいました。そのミュージシャンは、すぐさま航空会社に対応を申し入れたものの、長期間相手にされません。そこで、航空会社にギターを壊されたことやその後の経緯を歌にして、動画投稿サイトに投稿します。すると、瞬く間にアメリカ中の国民がその動画を見て航空会社を批判、同社はミュージシャンの男性にギター代金を弁償した上、お客様から信頼を失う結果となりました。

　これが、SNS（ソーシャル・ネットワーキング・サービス）全盛時代におけるクレーム対応の恐ろしさです。

文書やメールでの対応は特に注意が必要

　SNSが広く普及しているということは、次のことを意味します。
・一個人がネットを通じて膨大な数の人に影響を与えることができる
・情報が一瞬にしてたくさんの人の知る状態になる
・これまで外部に漏れなかった情報が公開される

　つまり、お客様と店舗とのやりとりが、すぐにネット上に公開され、一瞬にして膨大な数の人に知れわたる可能性があるということです。

　このようなSNS全盛時代においては、形に残る文書やメールでのクレーム対応は、慎重に慎重を重ねる必要があります。

　右ページの注意点を必ず守り、SNSを通じて問題が拡大することを避けるようにしてください。

SNS時代のクレームの特徴と注意点

SNS時代のクレームの特徴

- 1人のお客様が膨大な数の人に影響を与え得る
- お客様とのやりとりがすべて公開されてしまう
- 情報が一瞬で多くの人に知られてしまう
- 一度問題になると取り返しがつかない
- 初期対応のミスが大きな批判の対象となる

SNS時代のクレーム対応のポイント

- メールや文書以外で接触をする（お店の担当者の顔が見えないと、お客様がお店への攻撃をしやすくなる）
- 第三者に開示されても問題がないと言える内容でない限り、メールや文書をお客様に送らない
- 初期対応についてお店でマニュアル化しておく
- 対面や電話のやりとりでも、常に録画や録音など「記録されている」ことを意識する
- お店側がTwitterやFacebookなどのSNSを利用してクレーム対応することは絶対に避ける
- ささいなことも軽視せず、現場担当者から上長までクレーム内容の報告があがってくる体制を構築しておく

07 電話による クレーム対応のポイント

対面でのやりとりと基本は同じだが、「見えない」分、電話は難しい

　電話によるクレーム対応においても、基本的な手順は対面での対応と変わるところはありません。すなわち、①初期謝罪→②話を聴く→③事実調査と対応策の検討→④謝罪をする→⑤対応策を伝える、という順番です（右ページ参照）。

　次に電話と対面のクレーム対応の違いと、その対応策について述べたいと思います。

電話は顔が見えないので意思疎通しづらい

　最初にあげられる違いは「お客様の表情や様子がわからないため意思疎通がしにくい」という点です。電話では当然声しかわからないため、相手の気持ちや感情、様子を知ることがとても困難ですし、逆にこちらも声しか伝えることができないため、お客様に気持ちを伝えるのが難しい状況にあります。

　これを防止するためには、お客様の一言一句を漏らさずに聞き取る姿勢が大切です。こちらから伝える際には、声のトーンに変化をつけたり、より丁寧な言葉遣いをするなどの工夫が必要になります。

現物を目で見ることができないなど、情報収集も難しい

　言葉だけのやりとりなので、「お客様の現在の情報が得にくい」というのも、電話の特徴です。

　たとえば商品が壊れているときでも、現物を目で見ることができないため、お客様に説明してもらうしかありません。その場合、重要な点については復唱して確認するなど、曖昧な情報のまま話を進めないように気をつける必要があります。

電話による対応例

- もしもし、こちら○○スーパーお客様係の担当○○でございます

- ちょっと、そちらで買った牛乳が賞味期限切れてたんだけど、どういうことなの!?

- それはご不快な思いをさせてしまい、誠に申し訳ありません（初期謝罪）
誠にお手数ですが、詳しい状況をお聞かせ願いますでしょうか？
購入された日時と、商品名を教えていただけますか
（話を聴く）

- ええ、買ったのは昨日なんだけど……

- 了解いたしました。ただ今商品の確認をさせていただきます（事実調査と対応策の検討）

- 大変お待たせいたしました。
お客様の購入された商品の一部に、賞味期限経過後しばらく販売されていた商品があったようです。
誠に申し訳ございません（謝罪をする）

- まあ、どういうことなの！

- このたびは本当にご迷惑をおかけいたしました。
つきましては当店店長が直接お客様のもとにお伺いして、謝罪と代金返還の措置をとらせていただきたいのですが、よろしいでしょうか？（対応策を伝える）

- わかったわ、今すぐ来てちょうだい

08 電話でのクレーム対応、こんな時どうする？

お客様のせいにする表現は NG

　電話によるクレーム対応には、対面での対応とは異なる問題が多々起こります。以下のような場合、どう対応すればいいのでしょうか？

声が聞き取りにくいのをお客様のせいにしない

　よくあるのが、携帯電話で話しているお客様の声が聞きとりにくい場合。このようなとき、ついやってしまいがちなのが「もう少し大きな声でお話しいただけますか」と言ってしまうことです。

　これではお客様を不快にさせ、余計に怒りを買ってしまいます。

　決してお客様の責任にせず、「周囲が少し騒がしいようですが」「お電話の調子が悪いようですが」など、声が聞き取りづらい原因を外部に求め、大きい声でお話しいただけるよう促します。

担当ではないことを説明し、自分でも対応可能かどうかを確認

　他部署や担当外の業務についてクレームの電話を受けることもあります。当然ですが、「担当部署が違いますのでお受けできません」という回答は最悪です。とはいえ、責任を持って回答できない以上、あまり深入りするのも危険です。

　このような場合には、自分が担当ではないことを説明した上で、担当外の自分でも対応が可能かどうかを確認します。さらに、緊急の対応が必要かどうかを確認し、必要な対応をとるようにします。

　その他、電話によるクレーム対応の場合、いろいろな場面が考えられますが、基本となる考え方は「お客様の立場に立った時、どのような対応が適切か」ということに尽きます。

電話における注意点

Q どんな声のトーンで話をするべき？

A 一般的には高いトーンのほうが信頼と安心感を得られる。ただし、お客様のお話を聴いている状況では、落ち着いたトーンのほうがしっかり聴いていることを相手に伝えやすくなる

Q 事務的な話し方になってしまうのを防ぐにはどうすればいい？

A メリハリをつけること。具体的には「スピード」と「強弱」でメリハリをつける

「スピード」
お客様の話すスピードに合わせる。遅すぎても速すぎてもお客様を不快にさせる。年齢が若いお客様にはスピードを速く、年配の方ほどゆっくりお話しする

「強弱」
「お客様が購入された日時は平成●年●月●日ですね」など、重要部分を強く言う

事実確認のために立て続けに質問すると、「尋問」のような印象を与えてしまうので、相手に配慮する言葉を使いながら1つずつ区切って質問する

Q お客様の個人情報を電話で伝えなければならない場合、どうしたらいい？

A 名前、住所、生年月日などをお客様に言っていただいて本人確認する

Column ⑩
こんなにある！クレーム対応の本

　いつの時代も、仕事にはクレームがつきものです。それを裏づけるのが、クレーム対応の本の数です。

　試しに、インターネット書店・アマゾンの「本」のジャンルで「クレーム対応」と検索してみてください。私が検索したところ、実に1500件以上ものヒットがありました。

　類書が膨大にあることから言えるのは、どのようなジャンルの仕事であっても、クレームから無縁でいることは絶対にできない、ということでしょう。

　また、クレーム対応のマニュアル的な本の一番古い出版年を調べたところ、確認できる限りでは、約25年前には出版されているのがわかりました。これを見ると、いかに昔から多くの人がクレーム対応に悩んできたかがわかると思います。

　本書もそのようなクレーム対応を指南する本であり、クレームに悩める方にとって有意義な本となることを目指しています。そのため、本書1冊を読みこなして対応方法を身につければ、クレーム対応は十分にできることでしょう。

　その上で、対応技術をより高めたいと思っている方にお勧めしたいのは、本書を含めたクレーム対応の書籍を10冊程度購入し、すべて読んでみるという学習方法です。

　なぜこの学習方法が有意義かというと、繰り返し同種の本を読むことで、どの本でも重要とされているポイントが共通することがわかり、コツをつかみやすくなるからです。

　私の経験上、複数の本で共通して語られている内容こそ、本当に大事な部分です。それは1冊の本を読むだけでは残念ながらわかりません。さまざまな本を読むことで、いろいろな角度から内容を見ることができて、本当に大切なことを実感することができるのです。

　本書だけではなく、ぜひたくさんのクレーム対応本を読んでみてください。

おわりに

クレームは絶対になくならない

　これまでクレーム対応について、詳しく説明をしてきました。すでに実践していたこともあったかもしれませんし、はじめて知ることもあったでしょう。いずれにしても、それなりに場数を踏んで経験を積んで身につけていくべきものです。

　ここで1つ、覚えておいていただきたいことがあります。それは「クレームは絶対になくならない」ということです。これを聞くと落ち込んでしまうかもしれませんが、どうしようもない事実です。私たちが必ずあやまちをおかす人間である以上、クレームを減らすことはできたとしても、なくすことは不可能です。

　では、どうすればいいかと言うと、クレームにうまく対処する方法を身につけるしかないのです。私は、クレーム対応や謝罪は、柔道や格闘技で言うところの「受け身」に当たるものだと思っています。失敗した時に自分を守り、問題を解決するための必須のスキルです。あなたがお客様を相手に仕事をしていく限り、絶対に身につけなければいけないスキルです。

　逆に言えば、クレーム対応の上手なスキルさえ身につけることができれば、仕事をしていく上で怖いものがなくなります。クレーム対応の技術は、あなたの身を守る「盾」であり、あなたの強力な「武器」でもあるのです。

　人がもっとも強く喜びを感じる瞬間はどんな時でしょうか？　私は「成長すること」だと思います。

　クレーム対応はどんなに慣れたとしても嫌な仕事です。誰か他の人に任せて、自分は矢面に立ちたくないと思うのが当然です。

ですが、そこで勇気を振り絞って正面からお客様に向き合って、本書の知識と経験を駆使すれば必ずクレームは解決するでしょう。
　そこでお客様の笑顔を見て、あなたは自力で問題を解決し、人として成長した自分を誇らしく思うでしょう。クレーム対応は、自分を成長させてくれる最高の出来事です。

　クレームを言うお客様をファンにするコツについては、本書でいろいろと書いてきましたが、一番のポイントをひと言でまとめると、「お客様の期待・想像を超えること」だと思います。
　世界中の企業で熱心なファンを持っている会社の共通点は、お客様の期待・想像を超えていることです。たとえば、アップル社は熱心な顧客がいることで有名ですが、同社の iPhone や iPad という製品は、これまで顧客が誰も想像しなかったような商品でした。ですから、熱心なファンが多いのです。
　Apple のような会社でなくても、あなたがお客様の想像を超えて、お客様をファンにすることは可能です。それは、お客様が想像するクレーム対応を超える対応をすればいいだけです。

　「そんなの他のお店もやろうとしているのだからできないよ」と思うかもしれませんが、それは違います。
　クレームに関して、多くの会社やお店は、それを面倒なもの、嫌なものだと考えて労力を割いていません。ですから、少しでもほかのお店と違うことをすれば、それだけで簡単にお客様の想像を超えることはできるのです。

　「そんなこと言っても、クレーム対応はやっぱり怖い」と思った時には、「愛の反対は無関心」という言葉を思い出してください。お客様が本当にお店のことを見限っていれば、クレームすら言わないはずなのですから。

ぜひ、一歩成長した自分を想像しながら、クレームに正面から取り組んでいってください。
　あなたのクレーム対応の成功を祈っております。

平成 26 年 3 月吉日　弁護士　間川清

著者略歴

間川清（まがわ きよし）

弁護士
1978年生まれ。25歳で司法試験合格後、勤務弁護士を経て現在はセントラル法律事務所を経営。損害賠償事件、相続事件、離婚家事事件、刑事被告人弁護など、年間200件以上の弁護士業務を担当。多数のハードクレーム対応案件を担当するほか、殺人事件の被害者遺族への謝罪、性犯罪被害者への謝罪・示談交渉など、さまざまなトラブル解決にあたっている。
著書に『うまい謝罪』（ナナ・コーポレート・コミュニケーション）、『気づかれずに相手を操る交渉の寝技』（WAVE出版）など多数。

店長とスタッフのための
クレーム対応 基本と実践

| 平成26年4月14日 | 初版発行 |
| 平成28年4月11日 | 2刷発行 |

著　者 —— 間川清

発行者 —— 中島治久

発行所 —— 同文舘出版株式会社

　　　　東京都千代田区神田神保町1-41　〒101-0051
　　　　電話　営業03（3294）1801　編集03（3294）1802
　　　　振替 00100-8-42935
　　　　http://www.dobunkan.co.jp

©K.Magawa　　　　　　　　　　ISBN978-4-495-52691-7
印刷／製本：萩原印刷　　　　　　Printed in Japan 2014

JCOPY ＜出版者著作権管理機構 委託出版物＞

本書の無断複製は著作権法上での例外を除き禁じられています。複製される場合は、そのつど事前に、出版者著作権管理機構（電話 03-3513-6969、FAX 03-3513-6979、e-mail: info@jcopy.or.jp）の許諾を得てください。

仕事・生き方・情報を DO BOOKS **サポートするシリーズ**

あなたのやる気に1冊の自己投資！

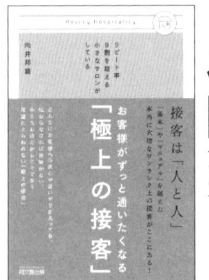

リピート率9割を超える小さなサロンがしている
お客様がずっと通いたくなる「極上の接客」

向井 邦雄著／本体 1,400円

どんなにお客様への真心や思いやりがあっても、伝わらなければ意味がない。「基本」や「マニュアル」を越えたワンランク上の接客がここにある！　小さなお店だからこそできる、常識にとらわれない「極上の接客」を紹介。

販売は"お客様目線"で動き出す！
「あなたから買いたい」といわれる販売員がしている大切な習慣

柴田 昌孝著／本体 1,400円

リピートされる販売員は、ほんの少しの違いが光っている！　接客中の一言、小さな気配りがお客様の心に残り、好印象をつくり出す。販売員の「売る」視点ではなく、お客様の「買う」視点で販売しよう！

脱・価格競争！
お客様から愛される小さなお店がしてること
販促はじめの一歩

中沢 智之著／本体 1,400円

地域密着型の小さなお店が、大型店と同じ商品を同じように売っても、勝ち目はない。販売する商品や店内の雰囲気など、店全体を「自分の想い」で統一して、"あのお店"に行きたい」といわれるようになろう！

同文舘出版

本体価格に消費税は含まれておりません。